TOKYO

100
Apartments

東京圏に100棟の賃貸集合住宅を設計する

谷内田章夫 著

鹿島出版会

目 次

［**本書中の用語**］

「ユニット」：集合住宅を構成する一単位。

「層」：通常の1階分の高さの空間。建築基準法上の階と区別している。

「ヴォイド」：天井高が3.5m程度以上の空間。吹抜けとほぼ同義。

「立体化ユニット」：ヴォイドを有するユニット。

「フラット」：床に段差がなく階数が一であるユニット。

「メゾネット」：ヴォイドのある2階建てのユニット。

「スキップフロア」：床面を半層分ずらしたユニット。

「長屋」：壁を共有して横に連なるユニットの玄関が屋外に直接面している集合形式。

「ロフト」：建築基準法上で床面積や階数に算入されない天井高1.4m以下の空間。

TOKYO
100
Apartments

TOKYO 100 Apartments

谷内田章夫

はじめに

東京圏に民間の賃貸集合住宅を設計する

　大学院の修士課程を修了してすぐの1978年に同級生の友人二人（北山恒と木下道郎）と設計事務所「ワークショップ」を3人で立ち上げ、共同主宰してきたが、1995年からはそれぞれが独自に仕事を始めることになった。それ以来、私は集合住宅を中心として設計活動を行ってきた。少しずつ積み重ね、2018年に100棟、総戸数2500を超えた。そこでそれらを振り返り、その内容をまとめてみようと思い立った。

　100棟の全体を見渡したとき、そこには著しい特徴がある。

　一つは、ほとんどが首都・東京圏（以下東京圏とする）のJR、私鉄、地下鉄の沿線駅から徒歩10分以内にあり、多くは東京の23区内に立地していることだ。

　二つには、例外一つを除いて賃貸用の集合住宅であり、多くが単身者または少人数世帯向けであることだ。すなわち、世間一般に「チンタイ」と称される建物である。

　世紀をまたいだ四半世紀に、東京圏（グレーター・トーキョー）を舞台に、小規模な建築設計事務所が手がけた100棟の賃貸。一つ一つは小さく、そして特殊な試みだとしても、総体として見たときには、東京をめぐる、その時代のさまざまな事情や様相（経済、環境、交通、都市、住宅ほか）が投影され、あるいはあぶりだされているに違いない。そして、そこを起点に今後の私たちの設計活動における方向性を見いだすこともできるのではないか。

1. 東京圏での賃貸需要の高まり

　独立した1990年代の半ばは、バブル経済崩壊の後の「失われた10年」とか「失われた20年」とか言われた景気低迷期の初期であった。1995年阪神淡路大震災、2001年アメ

リカ同時多発テロ事件、2003年イラク戦争、2008年リーマン・ショック、2011年東日本大震災といった重大事が続いた。この頃、国内では景気回復策として公共投資が行われていたが、私たちはそうした動きとは無縁のまま、以前と同様に民間の案件を中心に設計を行っていた。日本全体の人口減少は予測され、すでに1999年からは労働力人口が、2005年からは人口そのものが減る状況ながらも、首都圏へ、とりわけ都心部への人口流入は急速に進んでいった。一時的に上昇した土地価格によって引き起こされる相続税の対策が土地所有者のあいだでは必要となってきた一方で、長期借入の金利はどんどん低くなっていった。そのことが土地所有者の相続税対策としての賃貸集合住宅経営への関心につながった。こうした理由から都心部の賃貸集合住宅事業は、大きな成長はないとしても堅調に伸びていった時期でもあった。その流れは法改正を促し、不動産を投資対象にした金融商品REIT（Real Estate Investment Trust）が生まれ、賃貸集合住宅事業はさらに活況を呈するようになる。しかし、リーマン・ショック後はしばらく低迷することになった。

2. 東京圏での立地の移り変わり

　賃貸事業の収益性を見込めるのは、賃貸市場で人気の高かった東京都の西側地域（城南、城西地区）が主であった。しかし私たちは、その中でもとくに人気のある港区、渋谷区、目黒区などの場所ではあまり必要とされなかった。むしろなんらかの建築的な工夫によって付加価値を与える必要のある場所での依頼が多かった。具体的には、副都心（渋谷、新宿、池袋）から鉄道で10分から30分ぐらいの範囲内の駅から徒歩10分以内に位置する敷地だった。木造住宅密集地域内の建て替えや駐車場などの遊休地での新築が主である。しかしその後、建設コストの上昇の影響で収益を上げられる地域が徐々に狭まり、2010年以降、私たちへの設計の依頼は次第に都心部が多くなってきた。それにともない戦後に建てられたコンクリート建築の建て替えも増えた。

さらに丸の内や日本橋、銀座の再開発が進み、東京圏の東側地域の利便性が見直され、私たちが設計として関わる案件も増える傾向となった。

3. 居住者・事業者・管理者、三者間のバランス

　私たちが設計した100棟の集合住宅の住戸のほとんどは多くの区が定めるワンルームマンションの最小専有面積である25㎡から広くても50㎡ぐらいまでである。居住者は単身者、2〜3人の少人数家族、または在宅で仕事をする人である。年代は20代後半から50代と幅は広いが学生や高齢者はほとんどいない。日本では過去の政府の政策により持ち家志向が高く、住宅の第一次取得以前は、賃貸住宅に住むのが一般的であった。そのために賃貸住宅利用者の年齢層は概して低くなる。とくに都市生活者の住まいはヤドカリの貝のようなもので、それぞれの成長とともに経済力や家族構成の変化に合わせて住まいの大きさを広げてゆく傾向が強い。住戸を選ぶのは自由である。また要望や需要はさまざまである。私たちはそれらに応じ、コンパクトな住戸でありながら住まい方の選択肢の幅を少しでも広げようと試行錯誤した。

　居住者にとっての空間は住戸の内部にとどまらないと私たちは考え、集合住宅内の共用空間を通じて居住者同士がつながるように配慮した設計を心がけた。たとえ規模が小さくても、ある程度の共用空間は必要だと考えていた。一般には共同体的な側面がないからこそ賃貸住宅が良いとされていたと思われるが、設計を重ねるにしたがって、できあがった共用空間に対する評価は予想以上に高かった。

　また密集地の集合住宅は近隣住民との権利のぶつかりあいでもあり、利害は対立しがちだが、地域に対して、不燃化防災であったり、環境改善であったり、街とのつながりを通してコミュニティ形成に貢献可能なことがらも少なくなく、なるべくそうした方向を強めたいと願いつつ設計してきた。

　事業者は土地・建物のオーナーであり、事業として賃貸

集合住宅をつくり、そこから収益をあげることが目的である。また、管理や仲介業務を主体とする不動産業者にとってはビジネスとしての対象そのものである。居住者、事業者、管理者がバランス良く利益を分かち合い、市場の原理の中にあっても人々の生活する集合住宅として継続して住み継がれることが肝要であり、設計者はそのサイクルの中で対応することが求められているのである。

4. 民間の賃貸事業の特質

　先に述べたように、私たちは土地所有者の資産有効活用のための事業として、資産として価値があり、長期的に運用できる賃貸集合住宅をつくるという目標のもとに設計を行ってきた。いわゆる民間賃貸住宅の設計である。同じ賃貸でも公共住宅や企業の社宅などの「良質の住宅を提供し、就業者の生活環境を整え、生産性を向上させる」といった目的のソーシャル・ハウジングとは異なっている。

　当初、土地所有者は主に個人であり、目的は安定した収入の確保と相続税対策であった。こうした小規模な集合住宅は大きな企業が経営するものとは違い、マス・マーケットに左右されることはなく、個人の見識または嗜好によって内容が決められるので、設計の自由度は高かった。したがって私たちの場合は、もちろん公的資金などを使えばある程度は制約を受けることもあるが、概して緩やかな制約の中で束縛少なく進められる仕事が多かった。そこでは建築空間としての魅力を主体とした提案をするように努めた。その方が商品性において優位を保て、資産価値が高まり、かつ低下しにくいと考えたからである。もちろん事業者が企業の場合もある。意思決定に時間を要するいわゆるボトムアップ型の組織は得てして中庸を求められ、私たちの意図するところが通じにくい面があった。むしろトップダウン型の意思決定の方がなじみやすかったのは事実である。

　2000年以降になるとデベロッパーからの依頼が徐々に増えた。集合住宅1棟まるごとを賃貸集合住宅として分譲する事業である。それが前述のREITに売却されてゆくよう

な仕組みになってゆく。最近では、個人投資家向けなどの小規模な1棟を丸ごと分譲する集合住宅であったり、多数の個人投資家向けの分譲であったりと、賃貸集合住宅に求められる与条件は非常に多様化してきている。

5. 狭小・変形・密集、三苦の敷地

　私たちが関わってきたのはほとんどが小敷地の物件である。100件の敷地の平均値を計算してみると500㎡ほどであった。しかし、そのうち小さい方から10戸、大きいものから10戸を除いた母集団の平均は300㎡ほどで、感覚的にはこれが平均的な広さかもしれない。中には［014:DETACHED］のように50㎡に満たない敷地もある。建築基準法で定められた道路は4m以上の幅が必要とされるが、それ以下の42条2項道路（いわゆる「みなし道路」）や4m〜6m前後の狭い道路に面しているものが多く、山手線の外側の木造住宅密集地域内に建つものも少なくない。木造住宅やアパートの建て替えも多いが、隣地に挟まれた隙間のような場所にある敷地は当然ながら狭小、変形となる。周囲の土地を統合して広くとれるような場合もあるが、建築基準法や各自治体の各種条例（安全条例、ワンルーム条例、日影規制等）をクリアしながら、いくらかでも良い住環境をつくる仕組みを考えてゆかなければならない。建設サイクルが短く、新陳代謝が激しい東京圏を象徴する現象と言えよう。

　最近では、戦後建てられたコンクリートのビルの建て替えというケースも多くなった。建物が老朽化し、メンテナンス費用または改修費用がかさむため土地利用の対費用効果によるところが多い。また要求される耐震性能や日影規制などが変わり、既存不適格（法令の改正などによって現行法に適合しない建物）になることもあり、新たに建て直されることが多くなってきている。相変わらずのスクラップ・アンド・ビルドの状態である。密集地での解体、杭の処理、建設はますます難題を抱えてきているような気がする。耐震基準が固まり、土地履歴が明確になり、建築のデー

タ化が整ってきたこれからは、杭や躯体の再利用が重要となるであろう。

6.「立体化ユニット」の展開

　それまでの賃貸集合住宅は、ワンルームや、1LDK、3LDKなどnLDKで表される規格化された間取りであり、類似の住戸プランの組み合わせがほとんどだった。規格化そのものが悪いわけではないが、日本の場合は選択肢が著しく少なく、効率優先のパターン化された単純な配列が大半であった。多様化するライフスタイルを受け入れているとは言い難い。対象とする敷地は厳しい条件のところが多かったが、それでも周囲をじっくり観察すれば、眺望、日照、樹木、風、道路など、見方によっては資源とみなせる環境要素を発見できる。それらを生かすべく効果的な動線計画や平面・断面計画をとれば、開放的な暮らしの場を提供できるように思えた。

　住戸プランは一般的には平面計画だけで考えられていたが、私たちはそれを垂直方向にも拡張して立体としてとらえ、それを「立体化ユニット」と呼んだ。これについては次章に詳しく述べる。また開口部は必要に応じ、なるべく多方向に大きく高くとり、内外をつなげ、内部環境に豊かさを与えるように努めた。また住戸全体の集合のかたちを効率重視で考えた。それが片廊下、中廊下、階段室、長屋といった類型化されるパターンになるのだが、とくに通路が接する部分に円形や矩形のヴォイドをとるように心がけ、内部に自然光と空気を送り込むようにした。

　このように私たちは建築という手段を通し、法規制、市場性、経済性のしがらみを潜り抜けて、人々の暮らしに多様な選択肢をもたらせられればと考えながら設計に携わり、空間的な魅力によって東京圏内での暮らしをいくらかでも豊かにすることを願って、100棟の賃貸集合住宅の設計に挑んできた。

　私たちの東京圏での賃貸集合住宅づくりは、これからも続く。

「立体化ユニット」の試み

狭小・変形・密集を三次元で突破

近代における集合住宅は、第一次世界大戦（1914—1918）後、イギリス、オランダ、ドイツなど西欧諸国で国家事業として推進されたソーシャル・ハウジングを基本としている。労働者に良好な住環境を与えて生産性を上げ、国力を高めるといった社会主義的な観点からつくられ、その流れが今日にいたっている。日本でも関東大震災（1923）後の同潤会、第二次世界大戦（1939—1945）後の日本住宅公団などがつくった公営住宅にその影響が現れている。

もともと集合住宅は建築要素である柱、梁、壁、床を複数の住戸が共有しているため、構造的、経済的、熱環境的などの面においても戸建てに比べると合理的な仕組みとなっている。合理性をつきつめていくと、結果的にその合理性ゆえに均質で単調な空間になってしまうという本質的な特徴をもつ。事実、ソーシャル・ハウジングでは一つの階に一つの世帯が入居する「フラット（flat）」が規範となっていた。もちろん多くはないが例外はある。例えば、オランダのM・ブリンクマン設計の「スパンゲン・クォーター」（1919—1922）では、単純に同じプランを繰り返し積み重ねるのではなく、1階のフラット、1階から専用階段で上る2階のフラット、さらに3階の廊下からアクセスするメゾネットを組み合わせて空間を立体的に利用している。

ル・コルビュジエは1920年に大量生産を想定した安価な白い箱型住宅「シトロアン」を提案した。フランスの大衆車「シトロエン」が名前の由来である。リビングルームには大きな吹抜けがあり、吹抜けは上階の部屋につながり、大きな開口部が光を奥ま

で引き込む。ソーシャル・ハウジングでは
ないが、ル・コルビュジエはその後スイス、
ジュネーブにある「イムーブル・クラルテ」
（1932）で「シトロアン」の賃貸集合住宅版
の提案を早くも実践している。西側のメゾ
ネット12戸に上下階をつなぐ吹抜けをとっ
ているのだ。それをさらに大規模にして街
のようにつくりあげたのが、フランス、マ
ルセイユにある「ユニテ・ダビタシオン」
（1952）である。3階分で1セットになり、L
字型と逆L字型の断面を組み合わせ、中間
階に中廊下からアクセスする。吹抜けを介
して上下階を立体的につなげるうなぎの寝
床のようなプランは発表当時、世界をあっ
と言わせた。「ユニテ・ダビタシオン」には
私も今まで2回訪れ、1回はホテル部分に泊
まった。ずっと後になって、森美術館の展
覧会「ル・コルビュジエ—建築とアート、
その創造の軌跡」展（2007年5月26日〜9月
24日）で実物大の空間も体験した。初めて
「ユニテ・ダビタシオン」のプランを目にし
たときから自分の仕事の中でこのような居
住のための空間をつくることはできないか、
ごく一般的な集合住宅の中でこうした試み
を生かすことができないかと、考えをめぐ
らせていた。

　独立後の初期の作品［004:ALTO B］でそ
の想いの一部が実現し、その設計手法を「立
体化ユニット」と称した。ここで言う立体
化とはヴォイドを伴った住空間を指す。ヴォ
イドとは何もない空洞であり、通常の住空
間にはない高さ、広さを感じられる空間の
ことである。ヴォイドは複数の空間をつな
げ、開放感というメンタルな作用を与える
媒体となる。寝室、キッチン、トイレ、バ

イムーブル・クラルテ（設計：ル・コルビュジエ）

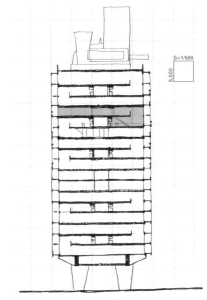

S=1/500

5,000

ユニテ・ダビタシオンの断面図（マルセイユ、
設計：ル・コルビュジエ）

スルーム、通路など機能が限定される空間
では高さはさほど必要とせず、通常は2.4m
ぐらいの天井高さがあれば十分だ。しかし
3.5m、4mと高さが増すにしたがって、音
響効果や視界の拡がりが感じられるように
なる。とくに5mぐらいの空間になるとギャ
ラリー、スタジオ、ホールのような雰囲気

となり、今までの住空間とは異なった新しい生活の選択肢が生まれ、住宅に多様性と豊かさがもたらされる。他方で住空間においてリビングルームなどのように機能を限定しない広い空間にヴォイドを設けた場合には実際の広がり以上の視覚的広がりが期待できる。たとえば一般的なメゾネットでは上下の空間が分かれ、それぞれの階の独立性が高いが、そこにヴォイドをつくると上下につながりが生まれ、広い範囲にわたって空間の「気配」を感じることができ、そこですごす人々の精神に微妙な影響を与える。開口部は上にあればあるほど、自然光は部屋の奥まで浸透するだろう。また大きな開口部は明るさとともに風景を室内にとり込み、その開放感によって体感的な広がりをもたらすはずだ。ヴォイドにより生まれるこうした空間体験を、小規模な賃貸集合住宅において少しでも身近な空間として設計にとり入れることができないかと試行を始めた。

これまで100棟、約2500戸を設計してきたが、その中で約6割の住戸をヴォイドを組み込んだ「立体化ユニット」としてつくってきた。しかし、賃貸集合住宅の枠組みの中で、オーナーの求める経済性と居住者の快適性を両立させることは考えていた以上に大変だった。当然ながら与条件の異なる一つ一つのケースについて個別に合理的なシステムを考えなければならなかった。決して容易なことではなかったが、それはゲームのようなもので楽しくもあった。賃貸集合住宅の供給側の思惑と需要側のニーズの双方に「立体化ユニット」のような新しい試みを受け入れる素地があったために実現できたことでもあった。

こうしたさまざまな前提条件を踏まえ、次に、建築法規や要求される建築の規模に応じて変化させてきた「立体化ユニット」の歩みを、大きく5タイプに分け、さらに混合のⅥタイプを加えて概観する。

Ⅰ　ヴォイドのあるフラット
Ⅱ　ヴォイドのあるメゾネット
Ⅲ　ヴォイドのあるスキップフロア
Ⅳ　ヴォイドのある1.5層
Ⅴ　2.5層で2住戸
Ⅵ　立体パズル

本書中で「層」とは集合住宅における通常の階高分の高さのことをさし、0.5層、1層、1.5層、2層、2.5層などと記した。「階」はあくまで建築基準法で算入される数値で、1階、2階と記した。「フラット」とは床面に段差がない階数が1のものである。「メゾネット」とは階数が2以上のものである。「スキップフロア」とは、通常の階高分の0.5層の床面の段差を階段でつないだものである。

I ヴォイドのあるフラット

システム図1

　前述したように「立体化ユニット」のきっかけとなったのは[004:ALTO B]である。

　ヴォイドが住空間の魅力を高めるために枢要であると強く考えるようになったのは前述の設計事務所「ワークショップ」での経験が非常に大きい。1987年に完成した「苗場プリヴェ」(新潟県南魚沼郡、北山恒、木下道郎と共同設計)では、2層吹抜けの空間に大きな丸窓を開け、リゾート賃貸住宅の非日常性をより高めた設計とした。エレベーターの着床階の偶数階、奇数階それぞれで平面を反転させたメゾネットをつくり、それぞれのリビング空間に2層分の吹抜けを設けた。大きな丸窓全面にゲレンデが広がり、その景色は吹抜けと一体化し、今までに体験したことがないダイナミックな空間が現れた。思い描いていたリゾート地にふさわしい非日常的な空間が生まれ、自分としても満足のいくできで、いつかまたこのような空間をつくってみたいとずっと考えていた。

　その機会が訪れたのは、独立後、バブル崩壊後の景気低迷期である失われた10年が始まりかけた頃であった。東京都港区海岸でパンチングメタル製造の工場を経営して

いたオーナーは、本業での赤字経営が続く中、その土地を利用した安定した事業を模索していた。そこで私たちはこの湾岸地域ならではの利用方法を提案した。前面は首都高速道路が通っていたが、反対側は東京湾の海を見ることができ、当時工事中であったレインボーブリッジを間近に眺められる。そこに2層吹抜けの空間を組み入れたアトリエのような住空間をつくれないかと思い立った。幸いにしてこの地域は準工業地域(倉庫や工場などに対応する)であり、容積率や斜線制限などの集団規定(建築物と都市との関係について規定されている)が一般の住宅地より緩く、容積を満たしながら大きな吹抜けを設けることが可能だった。頭には「苗場プリヴェ」があった。苗場では各階のエレベーターホールから吹抜けのある

苗場プリヴェ。メゾネット12戸、フラット4戸とレストラン。

苗場プリヴェ。丸窓の全面にゲレンデが広がる。

メゾネットにアクセスする仕組みだったが、ここでは2棟に分け、その中間に2棟と切り離して階段とエレベーターを置き、そこからブリッジ状の廊下で各ユニットにアクセスする方式を考えた。苗場ではエレベーターホールだった部分を50㎡2DKとし、2層の部分を50㎡丸ごと吹抜けのリビングルームにすると、2LDKのフラットとなる。天井高さ5mを超えた30畳ほどの広さの大空間が生まれ、しかも一部の部屋からは海が見えたりもする。このプランにたどりついたときには「これはすごいぞ！ なにがなんでもつくってみたい」と思った。

まず、オーナーに内容を充分に理解してもらうことが重要だった。図面で説明してもなんだかピンときていないようだ。見たこともない空間だからだ。そこで実際に類似した空間を見てもらうことにした。ワークショップで設計した大きな吹抜けのある空間に案内する。千駄ヶ谷のオフィス空間「Sラティス」（1991、ワークショップ：北山恒、木下道郎と共同設計）、「苗場プリヴェ」のメゾネット・ユニット内部、そして同じく大きな吹抜けのリビングルームのある私の自宅にも案内した。それでも半信半疑であった。同行している不動産業者のAさんにも一生懸命に援護射撃をしてもらう。説得の甲斐あってなにか新しい価値のあるものができることを理解してもらえた。

次に資金計画。今では付近には多くのタワーマンションが建ち並んでいるが、当時、まわりにあるのは倉庫や工場で、住宅はおろかふだんの暮らしの便となる施設もないので、大手銀行では当地での賃貸住宅の経営の見通しは暗いと判断され、融資を断ら

れた。公的融資は当初から組み入れようと思っていたが、調べてみると住宅金融公庫（現住宅金融支援機構）に優良民間賃貸住宅融資という制度があり、この条件に合致していた。この適用を受けると融資額が大幅に増え、公的資金のみで賄えることになる。また並行して東京都の優良民間賃貸住宅の家賃補助の制度も活用し、返済金額の軽減も図った。一般にオーソライズされた公的融資制度を活用することによって、オーナーもある程度安心して賃貸事業を行ってゆける目途が立った。

工事業者も決まり、いざ着工という時に首都高速道路公団（現首都高速道路株式会社）から注文がついた。地下工事や杭工事が隣接する首都高速道路1号線の架柱にどれくらいの影響をおよぼすか調査報告せよということであった。指定された方法によると1億円以上の経費がかかってしまう。そこで工事業者と検討し、地下工事を、土を掘りながら上部の躯体から順番にコンクリートを打ってゆくことで周囲の地盤に対する影響を小さく抑えることができる、いわゆる逆打ち工法で行うことにした。この工法の導入によって計測方法を簡便にすることが可能になり、調査費を低減、無事に計画を進められることとなった。

床暖房での空気の流れを探るために、20分の1の模型をつくった。床を二重にし、上面をガラスで覆い、煙を床に送ることで暖気の流れをシミュレーションした。

現場に行くたびにどのような空間になるか、期待に胸を膨らませていた。吹抜けの窓には、首都高速道路側にはガラスブロック、海側には大きな透明ガラスを張った。で

きあがってみると予想以上にダイナミックな空間となった。入居希望者の見学が始まる。知り合いも含めた建築家のグループが3ユニットを借りてくれることになった。

　こうして［004:ALTO B］は上々のスタートを切ったが、この方式は容積率制限の厳しいところではなかなか成立しにくい。また大きなヴォイドを設けると必然的に躯体のヴォリュームが大きくなり、コストの負荷が大きくなる。そこで全体に対するヴォイド率を少なくして躯体負担を軽減することで、低コスト化を図りながら「ヴォイドのあるフラット」の設計を推し進めることになった。

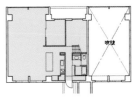

ヴォイド率1/3 ［004:ALTO B］99㎡

ヴォイド率1/3 ［018:LIAISON］47㎡

ヴォイド率1/4 ［047:ALBA］38㎡

ヴォイド率1/5 ［030:WELL TOWER］46㎡

ヴォイド率1/6 ［048:TEDDY'S COURT］58㎡

ヴォイド率1/6 ［074:STELLA CINQ］47㎡

「Ⅰ ヴォイドのあるフラット」平面図比較
ヴォイド率の違いを示している　1/500

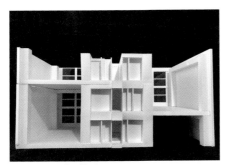

［004:ALTO B］の模型

II ヴォイドのあるメゾネット

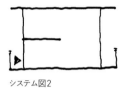

システム図2

　吹抜けをとり入れた階数2の住戸（メゾネット）である。

　建築系の雑誌に［004:ALTO B］が発表されると一般誌からも取材が入るようになり、これまでにないデザインを重視した賃貸住宅として情報が出回るようになっていった。それが追い風となって入居希望者が非常に多く集まるとともに、このようなものがほかにないのかという問い合わせがくるようになった。それに応えるため前出の不動産業者のAさんとともに［ALTO B］の近隣を回り、同様の事業をしませんかとプロモーションを行った。その結果、一つの倉庫業者が興味を示し、集合住宅を建設することになった。

　［ALTO B］と同じような集団規定を受けるため吹抜けをとる余地は充分にある。しかし敷地の条件が少し異なった。間口は［ALTO B］と同じだが、奥行きは4分の3であった。北側に広い道路と港湾施設があり、視界は遮られることなく海へと続く。そこですべての住戸を北側に向け、97㎡、2LDKのメゾネットを横に3ユニット並べ、5つ積み上げ、合計15ユニットすべてを海側に向けるようにした。ヴォイドを海側にとり、反対側に寝室を2層重ねたメゾネットである。すべての住戸で内部のいろいろなところから海を眺められるようにした。これが［010·CUBES］である。

　この2作を起点に「2層ヴォイドのあるユニット」（I ヴォイドのあるフラットとII ヴォイドのあるメゾネット）は、より小さな面積、より低い階高に応じてバリエーションを広げていった。

　特に「II ヴォイドのあるメゾネット」は実作が続いた。［009:8×H］では90㎡のユニットを4階より上に3ユニット積み上げた。さらに高さ10m以下に2ユニットを重ねて4階建てとしたタイプをつくった。［015:DUPLOS］、［016:SAIZE II］、［017:APARTMENT O₂］等では40㎡前後の小ユニットから63㎡前後の3LDKまで、幅広く適応させた。これによって一挙にヴォイドのあるメゾネットの裾野が広がり、特殊な条件に縛られず、一般的な住宅地での提案が可能になった。

　さらに手ごろな賃貸料で借りられるユニットとして少しずつ改良を重ねた。［027:WELL SQUARE HIMONYA］では78戸中38戸、［046:ROKA TERRAZZA］では148戸中56戸が「II ヴォイドのあるメゾネット」で構成され、私たちとしては大規模な事例を設計、供給するにいたった。

Ⅲ ヴォイドのあるスキップフロア

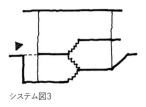

システム図3

　独立して最初に手がけた［001:SQUARES］のオーナーはこの賃貸集合住宅の事業が順調に進んだため、2年半後の1997年にさらに賃貸を建設することになり、完成したのが［005・006・007:TRINITÉシリーズ］である。

　最初は［004:ALTO B］の流れで天井高のある空間をつくろうとしたが、第1種住居専用地域（現第1種低層住居専用地域）であったため高さ制限や容積率などの条件が厳しく断念。そこで日影規制などを勘案し、3階建ての3階部分に天井高のあるユニットをつくった。また、新たに施行された住宅の地下部分の容積緩和の規定（＊1）を用いて地下空間の利用を検討した。その結果生まれたのが、半層ずつフロアレベルを変えたスキップフロアのメゾネットである。

　1階は天井高が1.5層分あるリビングルーム、そこから半層上にリビングと一体化したダイニングキッチン、半層下にベッドルーム。ベッドルームは地面を半層掘り下げてオープンカットしたサンクンコートに接するようにした。さらに半層下がったベッドルームとバスルームには1層分のドライエリアを設けた。すなわち、半層ずつ上下し

ながら4つの床レベルが緩やかにつながった2LDKのユニットとした。この方式により、リビングルームからダイニングキッチンにかけて天井を平らにそろえてヴォイドをつくることが可能となり、全幅の開口が道路側から反対のサンクンコート側へと抜け、開放感ある空間となった。建築基準法的には地上1階、地下1階の2階建てのメゾネットであるが、2.5層を使って容積緩和の恩恵を受けつつ、居住性の良い地下居室をもつタイプをつくることができた。

　これに端を発し、フラット住居でも下または上にヴォイドの空間を継ぎ足して、居住空間に高さの変化を与えることを考えるようになった。［036・037:Hi-ROOMS桜上水A・B］では10m以下の高さで3つのユニットを重ね、各階ごとにヴォイドのある空間をつくろうと試みた。1階は入口と水回り以外を半層下げた。2階は逆に設備のある部分以外を半層上げてヴォイドのあるフラットとした。そこで生まれた半層のずれを利用して、3階は吹抜けのあるスキップフロアのメゾネットとした。すなわち入口＋DKのレベルから半層上がって1.5層のリビング、折り返してさらに半層上がって寝室と水回りをとっている。これも一つのプロトタイプとなり、2.5層でヴォイドのある空間やロフトを加え、以降のプロジェクトにも用いている。

＊1：建築基準法第52条3項（1994年より施行）。建物の地下で、天井が地盤面からの高さ1m以下にある住宅の用途として使われる部分においては、床面積の合計の3分の1までは延べ面積に算入しないという規定。

Ⅳ ヴォイドのある1.5層

システム図4　　　システム図5

[026:河田町コンフォガーデンのインフィル]は、超高層集合住宅の中で1階の一部と29階、30階で都心居住の新しい形を示すというプロジェクトであった。私たちは29階の14ユニットと1階の3ユニットの設計を担当した。その内、1階は高階高を活用したプランニングの検討を依頼された。2000年に法律が変わり、新しい屋根裏収納や床下収納の基準(＊2)が制定されたが、この新基準の中で高階高を生かした住まいのインフィルの提案が求められたのである。1階の3ユニットは60㎡～100㎡と広く、天井高は4mあって十分な開放感が得られた。また、ロフトによる収納機能充実とヴォイドによる空間の広がりの効果を確認できた。

これを契機に1.5層でロフトや床下収納を組み込み、ヴォイドのあるフラットやスキップフロアのユニットをつくるようになった。さらにコンパクトなものに対応すればよりさまざまな条件に適応可能になるだろうと思い、まず30㎡にチャレンジした。2005年に完成した[041:tuft]である。各ユニットは入口から通路に進み、同レベルの片側にトイレとバスルーム、反対側には80cm上がってロフトがあり、通路から半層下がっ

て天井の高いリビングルームとロフトの下にキッチンがある。下のレベルからは1.5層の天井高の空間が見渡せ、物理的な狭さを感じさせない広がりがもたらされ、1.5層空間のユニットの効果が十分に確かめられた。

[053:IPSE新丸子]ではさらに狭く、24㎡のユニットに挑んだ。外部廊下から段差なしに入口にアクセスする。キッチンと廊下を通り過ぎて1.5層のリビングにいたり、そこから反転し半層上って洗面・風呂・トイレ、洗濯機置き場を設け、さらに少し上がってキッチンと廊下の上部をロフトとした。60戸中50戸はこのタイプとし、最上階の10戸は2層吹抜けのあるメゾネットとした。両タイプとも広いテラスと多摩川越しの都心部へのビューがあり、反響がかなりあったが、1.5層ユニットの方が人気が高かった。賃料との兼ね合いもあるが、24㎡とはとても思えない開放感が理由だと思う。

[055:FLAMP]では93戸中89戸の「ヴォイドのある1.5層(ロフト付き)」のユニットをつくった。35㎡～70㎡までさまざまな大きさのユニットとしたが、全面ガラスのカーテンウォールで、非日常的な雰囲気をもつ空間になった。3.75ｍの階高以上あれば「立体化ユニット」が可能であることが分かり、以後定番の手法となった。

＊2：平成12年6月1日　建設省住指発第682号

[053:IPSE 新丸子]の模型

V 2.5層で2住戸

システム図6

先のIVのタイプではすべての住戸を1.5層としたため1層と比べると0.5層分躯体費や外装費がかかり、その分コストが増える。そこで1.5層ユニットの仕組みの利点を生かしながら、増加分を半分に抑えることを試みた。「立体化ユニット」の評価も高まり、その要請も増えてきたが、その頃から工事費が高騰したばかりでなくリーマン・ショックなどの影響もあって、工事費の負担を少なくすることがより強く求められるようになったためである。

下階はヴォイドのあるフラットとする。1層の部分と1.5層の部分がある。1.5層の部分はヴォイド（一部はロフト）に使われる。上階は逆に1.5層の部分と1層の部分を水平方向に反転させてスキップフロアとし、下階の上に載せる。2.5層分の高さの中にヴォイドのあるフラットとヴォイドのあるスキップフロアを組み合せたのである。上階の1.5層のスキップフロアは、居室部分から見ると半層上った部分にロフトがあるが、通常だと仕切られて隠れてしまう設備周りの上部を開放するためヴォイドとなる。それとともにロフトには収納という機能が付加されているため、使いでがあり、専有面積よりかなり広く感じられる。

［054:IPSE渋谷TIERS］では、限られたヴォリュームの中で魅力ある「立体化ユニット」をいかに多くとれるかという目標に対し、この「V 2.5層で2住戸」によって、解決しようと試みた。下の住戸は1層のフラットの開口部側の天井を半層分高くして1.5層のヴォイドのあるフラットとしている。上の住戸は下の階で生じた半層の床レベル差を利用し、通路側から入ったところに設備回り、半層上がってリビング、折り返して

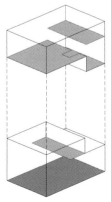

［054:IPSE渋谷TIERS］のアイソメ
奥行き方向に1層+1.5層と1.5層+1層の組合せ

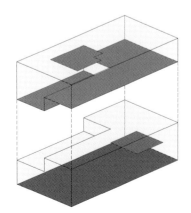

［061:モダ・ビエント杉並柿ノ木］のアイソメ
間口方向に1層+1.5層と1.5層+1層の組合せ

半層上がってロフトという1.5層のヴォイドのあるスキップフロアとなっている。リビングから見返すと、天井面が奥まで延び、半層の段差とあいまって、空間の一体感、広がりが強く感じられる。

このような仕組みをより広いファミリー向けの2LDKに適用したのが［056：パークサンライトマンション］である。中央に設備回りを配置し、上下のユニットで1.5層のリビングと1層の寝室の位置を奥行き方向で逆にすることで、2.5層の中で2つのユニットの双方に吹抜けを成立させている。

［061：モダ・ビエント杉並柿ノ木］では設備周りの配置を変えずにすむように、上下の住戸の1.5層と1層の組み合わせの位置を奥行き方向ではなく、間口方向で逆にしている。そうして同様に、2.5層の中で2つのユニットの双方に吹抜けを成立させている。

こうした上下のユニットの組み合わせは、さらに他のプロジェクトでも積極的にとり入れることになり、より多くの「立体化ユニット」を効率良く、経済的に収める私たちの設計手法の定番となっている。

VI 立体パズル

［042：SCALE］では全10ユニットをすべて異なるタイプの「立体化ユニット」とした。地下1階・地上4階建てで、各ユニットは半層ずつスキップした階段室の踊り場につながっている。踊り場は9か所あり、ユニットとの接続がない箇所もあれば、1～3か所設けたところもあって、どの階にいるのかわからない立体パズルのようになっている。空間を最大限広く使うだけではなく、採光や風通し、遮音性などを考慮した結果、単独のシステムとしてではなく、I～Vまでのいろいろな「立体化ユニット」のタイプを組み合わせた構成となったのである。

［051：Clavier］は全8ユニットから構成され、［042：SCALE］と同様の階段室型だが、上下、左右、前後にレベルがさまざまに異なり、コンパクトでありながらさらに複雑な構成になった。［081：シャモッツ・ウィラ］でも、同様の方法で6ユニットの組み合わせとし、閑静な住宅街の敷地に立体パズルのような空間が生まれた。

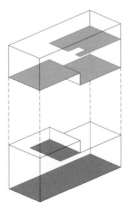

［094：ZOOM SHIBAURA］のアイソメ
奥行き方向に1層＋1.5層と1.5層＋1層の組合せ

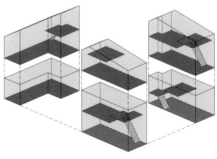

［081：シャモッツ・ウィラ］のアイソメ

TOKYO

100
Apartments

1995年から2018年に
東京圏に設計した
賃貸集合住宅100棟

100棟リスト

001	SQUARES	中野区上高田	1995年
002	DSドミトリー	川崎市川崎区日ノ出	1996年
003	SAIZE	川崎市川崎区日ノ出	1997年
004	ALTO B	港区海岸	1997年
005	TRINITÉ Rouge	中野区松が丘	1997年
006	TRINITÉ Bleu	中野区松が丘	1997年
007	TRINITÉ Jaune	中野区松が丘	1997年
008	DUO	中野区東中野	1997年
009	8×H	渋谷区富ヶ谷	1999年
010	CUBES	港区海岸	1999年
011	LOOPS	さいたま市浦和区針ヶ谷	1999年
012	QUINS	横浜市神奈川区入江	1999年
013	TWINS	横浜市神奈川区入江	1999年
014	DETACHED	横浜市神奈川区子安通	1999年
015	DUPLOS	世田谷区下馬	2000年
016	SAIZE II	川崎市川崎区日ノ出	2000年
017	APARTMENT O₂	中野区中野	2000年
018	LIAISON	横浜市神奈川区入江	2000年
019	TFLAT	町田市玉川学園	2001年
020	SCALA	新宿区箪笥町	2001年
021	PASSAGGIO	品川区小山台	2002年
022	STEP	中野区上高田	2002年
023	ilusa	千代田区神田小川町	2002年
024	ESPACIO	練馬区桜台	2002年
025	Torre Vista	港区東麻布	2003年
026	河田町コンフォガーデンのインフィル	新宿区河田町	2003年
027	WELL SQUARE HIMONYA	目黒区碑文谷	2003年
028	PORTEMAIUS	杉並区上高井戸	2003年
029	trevent	川口市幸町	2003年
030	WELL TOWER	川崎市高津区久本	2003年
031	OPUS	練馬区桜台	2003年
032	Zephyr	目黒区平町	2003年
033	ARTIS	新宿区矢来町	2003年
034	シティコート山下公園	横浜市山下町	2004年
035	グレンパーク秋葉原イースト	千代田区岩本町	2004年
036	Hi-ROOMS桜上水A	世田谷区桜上水	2004年
037	Hi-ROOMS桜上水B	世田谷区桜上水	2004年
038	VENTO	西東京市東町	2004年
039	コンフォリア代官山Tower	渋谷区恵比寿西	2005年
040	コンフォリア代官山Terrace	渋谷区恵比寿西	2005年
041	tuft	板橋区清水町	2005年
042	SCALE	新宿区西早稲田	2005年
043	GRAND SOLEIL鵠沼海岸	藤沢市鵠沼海岸	2005年
044	FLEG池尻	世田谷区池尻	2005年
045	IPSE東京EAST	中央区八丁堀	2006年
046	ROKA TERRAZZA	世田谷区南烏山	2006年
047	ALBA	港区海岸	2006年
048	TEDDY'S COURT	葛飾区西新小岩	2006年
049	IPSE祐天寺	目黒区祐天寺	2006年
050	S-AXIS	練馬区豊玉南	2006年

051	Clavier	新宿区早稲田鶴巻町	2006年
052	ISLANDS APARTMENT	西東京市東町	2006年
053	IPSE新丸子	川崎市中原区丸子通	2006年
054	IPSE渋谷TIERS	渋谷区桜丘	2007年
055	FLAMP	新宿区上落合	2007年
056	パークサンライトマンション	練馬区豊玉北	2007年
057	Court Modelia祐天寺	目黒区五本木	2007年
058	Abel	杉並区高井戸東	2007年
059	MAISON BLANCHE	荒川区西日暮里	2007年
060	MARUSH YOYOGI	渋谷区代々木	2008年
061	モダ・ビエント杉並柿ノ木	杉並区上井草	2008年
062	Hi-ROOMS明大前B	杉並区和泉	2008年
063	IPSE中延	品川区中延	2008年
064	マージュ西国分寺	国分寺市泉町	2008年
065	D	文京区本郷	2008年
066	SEPTET	横浜市神奈川区入江	2009年
067	SKIPS	横浜市神奈川区子安通	2009年
068	LADEIRA	横浜市大口通	2009年
069	シュロス武蔵新城	川崎市中原区新城	2009年
070	HAYACHINE	大田区萩中	2009年
071	Modelia Brut都立大	目黒区中根	2010年
072	ALVA	杉並区高円寺南	2010年
073	PREMIUM CUBE元代々木	渋谷区元代々木	2011年
074	STELLA CINQ	葛飾区西新小岩	2011年
075	HUTCH	杉並区阿佐谷南	2011年
076	インゲン	江東区白河	2011年
077	Modelia Brut表参道	渋谷区神宮前	2012年
078	T-FLATS	江戸川区西葛西	2012年
079	APARTMENT O₂ EAST	中野区中野	2013年
080	ulula	中野区新井	2013年
081	シャモッツ・ウィラ	目黒区大岡山	2014年
082	Modelia Brut南品川	品川区南品川	2014年
083	ATRIA	練馬区西大泉	2014年
084	SVELTO	中央区日本橋久松町	2014年
085	ZOOM AZABUJUBAN	港区三田	2014年
086	QUATORZE	鴨川市前原	2014年
087	ZOOM MEGURO	目黒区下目黒	2015年
088	oazo	世田谷区南烏山	2015年
089	TRIA	練馬区石神井町	2015年
090	La Vue	目黒区柿の木坂	2015年
091	PASEO EAST	世田谷区北烏山	2015年
092	PASEO WEST	世田谷区北烏山	2016年
093	ZOOM ROPPONGI	港区六本木	2016年
094	ZOOM SHIBAURA	港区芝浦	2016年
095	Court Modelia akasaka 895	港区赤坂	2017年
096	Modelia Days KYODO	世田谷区経堂	2017年
097	ZOOM TOCHOMAE	新宿区西新宿	2017年
098	ZOOM神宮前	渋谷区千駄ヶ谷	2017年
099	PRIME FORESHITA	墨田区菊川	2018年
100	ZOOM渋谷神山町	渋谷区神山町	2018年

TOKYO 100 Apartments 100 棟地図

↑ ⑪ ㉙
SAITAMA
(83)
Seibu Ikebukuro line
NERIMA
(52)
㊳
(89)
Seibu Shinjuku line
(61)
NAKANO
(75)
(64)
Chuo line
SUGINAMI
Keio Inokashira Line
(58)
(92)
(91)
(88)
㊻
㉘
㊱
㊲
Keio Line
(96)
Nambu Line
SETAGAYA
Odakyu line
㉚
(69)
Tokyu Den-en-toshi line
⑲
YOKOHAMA
↓ ⑫ ⑬ ⑭ ⑱ ㉞ ㊸ (66) (67) (68)
Tokyu Toyoko line

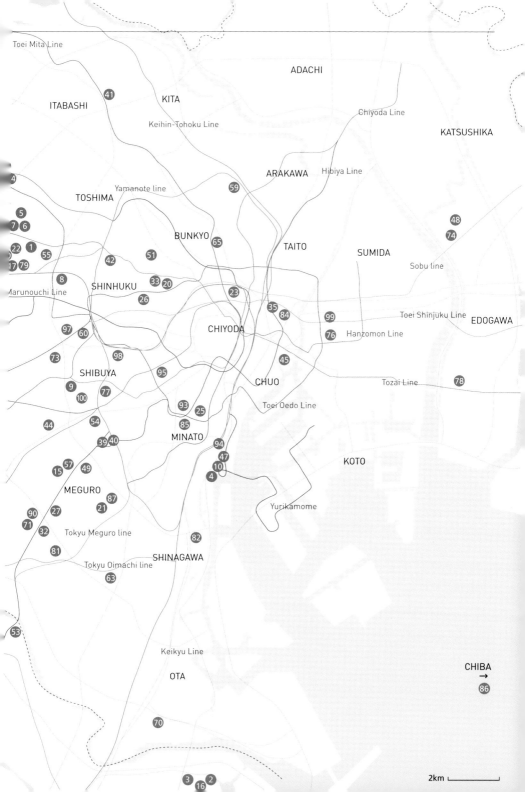

「立体化ユニット」の系譜

	1995	1996	1997	1998	1999	2000	2001	2002	2003	2004	2005
I ヴォイドのある フラット			004 ALTO R(18/20)	99㎡ヴォイド率1/3	018 LIAISON(6/7)		47㎡ヴォイド率1/3		030 WELL TOWER(48/86)		46㎡ヴォイド率
			005 TRINITÉ Rouge(5/17)							040 コンフォリア代官山Terrace(1/1…	
II ヴォイドのある メゾネット	001 SQUARES(5/29)				009 8×H(3/3)		020 SCALA(2/6)	025 Torre Vista(1/5)		035 グレンパーク秋葉原(4/84)	
					010 CUBES(15/15)		021 PASSAGGIO(14/18)				
							022 STEP(1/6)				
						015 DUPLOS(6/6)		027 WELL SQUARE HIMONYA(36/78)			
						016 SAIZEⅡ(16/16)		028 PORTEMAIUS(2/35)			
						017 APARTMENT O$_2$(5/7)				040 コンフォリア代官山Terrace(9/10…	
						023 ilusa(5/20)					
						024 ESPACIO(2/28)				044 FLEG池尻(10/25)	
							031 OPUS(1/11)				
							032 Zephyr(4/12)				
							033 ARTIS(6/6)				
III ヴォイドのある スキップフロア			005 TRINITÉ R(6/17)							036 Hi-ROOMS桜上水A(9/14)	
										037 Hi-ROOMS桜上水B(8/13)	
					012 QUINS(5/5)					043 GRANDSOLEIL	
					013 TWINS(2/2)					鵠沼海岸(8/8)	
					014 DETACHED(2/2)					044 FLEG池尻(9/25)	
IV ヴォイドのある 1.5層										026 河田町コンフォガーデンのインフィル(3/17)	
										036 Hi-ROOMS桜上水A(5/14)	
										037 Hi-ROOMS桜上水B(5/13)	
										038 VENTO(1/22)	
										041 tuft(12/12)	
										044 FLEG池尻(4/25)	
V 2.5層で2住戸											
VI 立体パズル										042 SCALE(10/10)	

| 2006 | 2007 | 2008 | 2009 | 2010 | 2011 | 2012 | 2013 | 2014 | 2015 | 2016 | 2017 | 2018 | 2019 | 2020 |

047 ALBA（28/29）38㎡ヴォイド率1/4
048 TEDDY'S COURT（28/28）58㎡ヴォイド率1/6
074 STELLA CINQ（20/25）47㎡ヴォイド率1/6

---

046 ROKA TERRAZZA（56/148）
047 ALBA（1/29）
049 IPSE 祐天寺（2/27）
061 モダ・ビエント杉並柿ノ木（8/43）
073 PREMIUMCUBE 元代々木（3/41）
053 IPSE 新丸子（10/60）
079 APARTMENT O₂east（1/9）
080 ulula（5/52）
084 SVELTO（2/16）
097 ZOOM TOCHOMAE（2/68）
098 ZOOM 神宮前（1/68）
099 PRIME FORESHITA（1/45）

---

062 Hi-ROOMS明大前B（8/15）
066 SEPTET（7/7）　077 Modelia Brut 表参道（3/30）
067 SKIPS（2/2）
068 LADEIRA（4/4）　080 ulula（8/52）
045 IPSE東京EAST　071 Modelia Brut都立大（9/18）　083 ATRIA（12/23）
（21/59）　073 PREMIUM CUBE 元代々木（1/41）　092 PASEO WEST（8/8）
050 S-AXIS（8/12）　095 Court Modelia akasaka895（7/43）
052 ISLANDS APARTMENT（1/12）　096 Modelia Days KYODO（8/16）
055 FLAMP（4/93）

---

069 シュロス武蔵新城（42/42）　079 APARTMENT O₂east（2/9）
070 HAYACHINE（1/11）　082 Modelia Brut 南品川（7/18）
071 Modelia Brut都立大（9/18）　083 ATRIA（11/23）
072 ALVA（3/6）　093 ZOOM ROPPONGI（34/34）
073 PREMIUM CUBE 元代々木（7/41）　094 ZOOM SHIBAURA（18/54）
075 HUTCH（21/21）　084 SVELTO（12/16）
076 インゲン（12/12）
050 S-AXIS（4/12）　078 T-FLATS（3/16）
052 ISLANDS APARTMENT（3/12）　085 ZOOM AZABUJUBAN（44/44）
053 IPSE 新丸子（50/60）　086 QUATORZE（14/14）
055 FLAMP（89/93）　087 ZOOM MEGURO（15/35）
057 Court Modelia 祐天寺（4/26）　088 oazo（4/19）095 Court Modelia akasaka895（10/43）
058 Abel（1/3）　089 TRIA（6/18）096 Modelia Days KYODO（8/16）
061 モダ・ビエント杉並柿ノ木（2/43）　090 La Vue（2/2）098 ZOOM神宮前（9/68）
062 Hi-ROOMS明大前B（7/15）
063 IPSE中延（82/82）　099 PRIME FORESHITA（4/45）
065 D（1/11）　100 ZOOM渋谷神山町（3/40）

---

054 IPSE渋谷TIERS（16/30）
056 パークサンライトマンション（32/35）　080 ulula（10/52）
057 Court Modelia 祐天寺（16/26）　089 TRIA（12/18）
058 Abel（2/3）　091 PASEO EAST（38/38）
060 MARUSH YOYOGI（8/15）　094 ZOOM SHIBAURA（36/54）
061 モダ・ビエント杉並柿ノ木（28/43）
070 HAYACHINE（10/11）　099 PRIME FORESHITA（10/45）

---

059 MAISON BLANCHE（8/8）
051 Clavier（8/8）　081 シャモッツ・ウィラ（6/6）

001 SQUARES

中野区上高田 1995年

街区に合わせた迷路状のスケールで構成する

路地が入り組む住宅街に立地し、29戸すべてが中庭に面している。各住戸の開口部は中庭側だけでなく外周側も大きくとって、2面からの採光・通風としている。住戸には中庭を通って4つの階段からアクセスする。中庭のレベルから半層下がると1階のフラット、半層上がると2階のフラットに、さらに1階上がると3・4階の「II ヴォイドのあるメゾネット」にアクセスできる。メゾネットは3タイプ、5戸。北棟と西棟の一部に当時としてはめずらしい屋上庭園をつくった。住戸の入口前には2、3戸で共用するテーブルを設え、住民が集う屋外空間としている。

配置図 1/1000
住宅街の中の約30m×30mのスクエアな敷地

29戸/RC造/地上4階・地下1階/9.93m/1636.12㎡/33.3㎡〜67.7㎡

3階とつながった屋上庭園と中庭

中庭。池を照らすオブジェ。

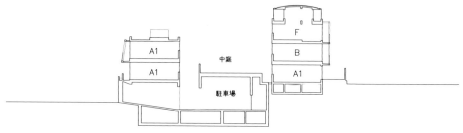

断面図　1/500
1階と2階の中間レベルに中庭がある

2階平面図
1階、2階はすべてフラット

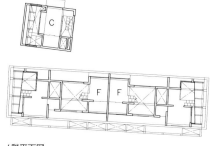

4階平面図
3、4階はメゾネット

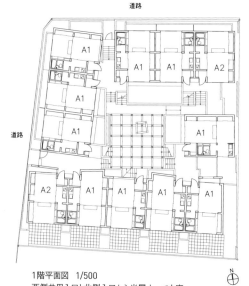

1階平面図　1/500
西側共用入口と北側入口から半層上って中庭

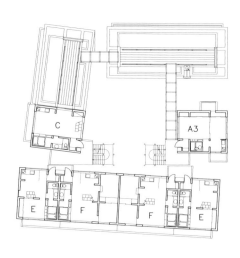

3階平面図
北側にブリッジでつながった屋上庭園

屋上庭園。バーベキューガーデンにもなる。

住戸入口前の共用のテーブルと椅子

シナ合板と打ち放しのインテリア

フラット・タイプ
平面図 1/200

可動家具で寝る場所と過ごす場所を分ける

Eタイプ。メゾネット上階から下階を見下ろす。

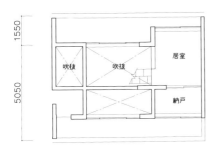

Fタイプ　メゾネット4階平面図

Fタイプ　メゾネット3階平面図　1/200

Fタイプ。メゾネットの下階とジャングルジム階段。

002 DSドミトリー

川崎市川崎区日ノ出 1996年

シリンダーの特性を引き出す

工場地帯の中の住宅地に建つドミトリー。三方を道路に囲まれた三角形の敷地。中心に二重らせんの階段（ダブルスパイラル）を内包したコンクリートのシリンダーがある。建物全体は、1階から3階まで交錯することなく続く二重らせん階段によって2つの領域に区切られている。そのようにした理由は、一部を一企業の寮として貸し出すことがあらかじめ決まっており、各フロアの他の部分を独立して賃貸できるように、動線を分ける必要があったためである。領域Aは16室で1セット、各階共コモンAがあり、領域Bは各階8室の独立した3セット、それぞれにコモンBがある。合計40室ある4つのドミトリーの集合体である。シリンダーの内側は外部階段、外側は内部空間で、通路・共用リビングスペースとなっている。シリンダーの開口部は半透明のガラスで視線を通さない。階段の裏側も階段状になっているため、上階から見下ろすと1階にある水盤が鏡となって、空へと上昇していく階段が映し出される。

40室/RC造/地上3階/12.6m/723.79㎡/7.8㎡〜22.6㎡

東側からの全景鳥瞰

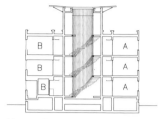

断面図　1/500

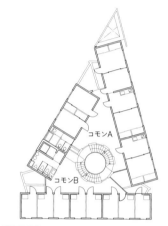

2階平面図

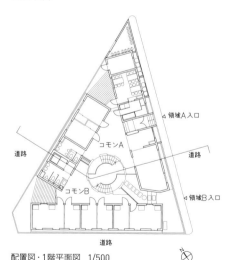

配置図・1階平面図　1/500
東側に領域A、領域Bの入口を別々に設ける。

二重らせんの階段を見下ろす。上昇する階段と空が池に映り込む。

003 SAIZE

川崎市川崎区日ノ出 1997年

コンクリートのチューブ状の空間を居住化する

工場地帯の中の住宅地にある。厚い壁と床のチューブ状の躯体を各階4つ並べ、4層重ねている。計16戸。最下階の1階は設備回り以外のレベルを下げ、最上階の4階は曲面を用いて南側の開口部の天井を上げることで、空間に変化をつけ、開放感を与えている。

16戸/RC造/地上4階/13.4m/999.14㎡/
54.2㎡〜55.5㎡

1階平面図 1/400
可動収納で領域を変えることができる

断面図 1/400

1階寝室からダイニング越しに半層上った廊下を見る。可動収納を取り払った状態。

1階廊下から半層下がったダイニング越し寝室方向を見る。可動収納を壁際につけた状態。

004 ALTO B

港区海岸　1997年

天井高5mの居室で立地の不利を覆す

東京湾岸の倉庫街に立地する、1住戸99㎡
の中に天井高5.2m、広さ50㎡の空間を組
み込んだ集合住宅。計画時はゆりかもめも
まだ開通していず、周辺は居住地区として
利用されていなかった。交通が不便だから
こそ存在可能な新しい型が求められていた。
ユニットは「Ⅰ ヴォイドのあるフラット」
のプロトタイプで、リビング側が幅5.5m、
奥行き9m、天井高さ5.2mの空間、反対側
が平面の大きさは同じで天井高さが半分の
2DKからなっている。そのユニットを反転し
ながら積み上げ、奇数階と偶数階の平面が
左右対称、各階で1/3が吹抜けとなっている。

20戸/SRC造/地上11階・地下1階/31.0m/
2798.97㎡/99.4㎡〜115.1㎡

西側外観。東京湾、レインボーブリッジが望める。

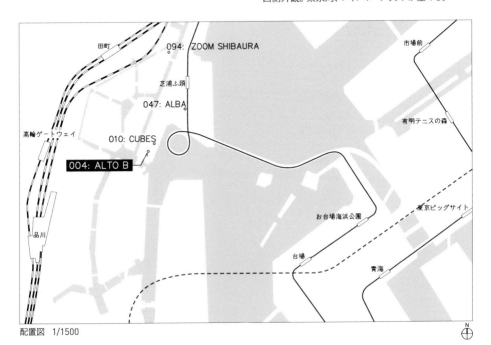

配置図　1/1500

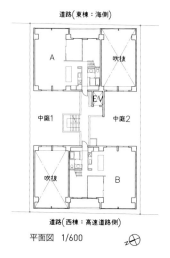

道路（東棟：海側）

平面図 1/600

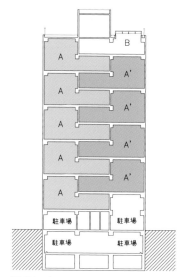

断面図 1/600

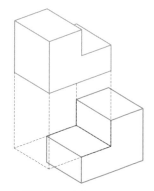

住戸積み重ねの方式

東棟 3階・5階・7階・9階平面図

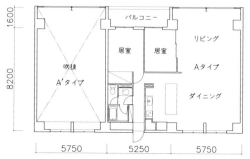

東棟 2階・4階・6階・8階・10階平面図 1/200

044

東棟（海側）から1層分床レベルの異なる西棟（高速道路側）を見る

東棟（海側）のリビングより東京湾を望む

リビングからキッチンを見る

西棟（高速道路側）のリビングから個室を見る

中庭2を見下ろす

西棟（高速道路側）のリビング

005 TRINITÉ Rouge

中野区松が丘　1997年

緑とテラコッタで片廊下の定型から免れる

3棟が道路をはさみ向かい合う。左手前Bleu棟、奥にJaune棟、右にRouge棟。

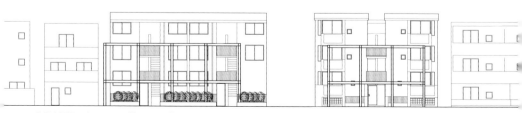

北側立面図　1/400　Bleu棟、Jaune棟。コンクリートフレームによる緑のスクリーン。

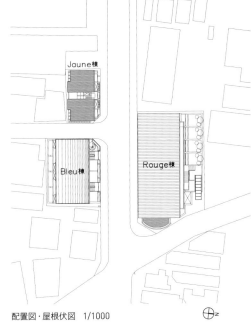

配置図・屋根伏図　1/1000

中野の閑静な住宅地にあり、道路をはさんで3つの敷地に分かれた集合住宅の中心をなす棟である。住宅の地下部分の容積率緩和制度の施行に伴い、対応した仕組みが考えられた。地階・1階はドライエリアの付いた「Ⅲ ヴォイドのあるスキップフロア」で、南側道路から直接アクセスする。2階、3階は片廊下のフラットで、住戸と片廊下の間を半透明のガラスブロックにすることでプライバシーと採光を両立させている。室内は土間をテラコッタ・タイル敷きとし、コルクタイルやMDF（中質繊維板）を用い、素材感溢れるインテリアとしている。片廊下もテラコッタのタイルとプランター、蔓性の植物で囲われている。

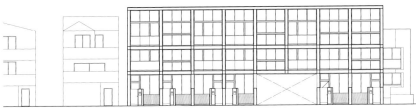

南側立面図　1/400　Rouge棟。1階住戸は道路から直接アクセスする。

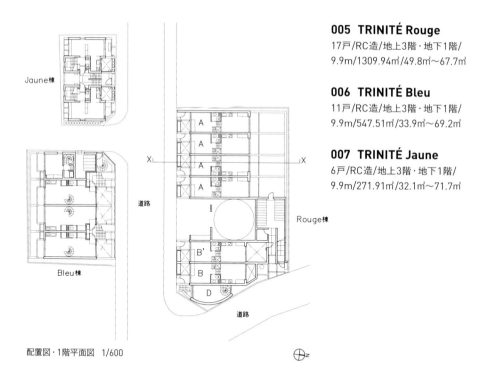

005 TRINITÉ Rouge
17戸/RC造/地上3階・地下1階/
9.9m/1309.94㎡/49.8㎡〜67.7㎡

006 TRINITÉ Bleu
11戸/RC造/地上3階・地下1階/
9.9m/547.51㎡/33.9㎡〜69.2㎡

007 TRINITÉ Jaune
6戸/RC造/地上3階・地下1階/
9.9m/271.91㎡/32.1㎡〜71.7㎡

配置図・1階平面図　1/600

2階北側の片廊下。テラコッタのプランターから蔓性植物が伸びる。

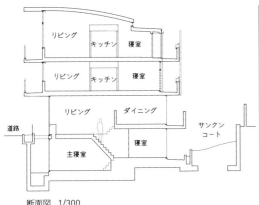

断面図 1/300
地階・1階はスキップフロアのメゾネット。
2階、3階はフラット。

リビングからキッチンを見る（3階フラットタイプ）

リビングの土間よりダイニング方向を見る（1階）

半地下の寝室からサンクンコートを見る（地階）

RCフレームで中間領域をつくり出す

Jaune棟外観。現在RCフレーム内は蔓性植物で覆われている。

Bleu棟はRouge棟と向かい合わせに建ち、それに次ぐ大きさの棟。階段室型で地階・1階がメゾネット、2階と3階がフラット。西側地下には集会室を設けた。道路に沿ってコンクリートフレームを立て、ステンレス・ワイヤーに蔓性植物を絡ませて緑のスクリーンとすることで、幅員10mの道路に潤いを与えるとともに、プライバシーを保つ中間領域を形成している。

Jaune棟はTRINITÉの3棟中、いちばん小規模な棟。階段室型で、地階・1階がメゾネット、2階と3階がフラット。Bleu棟と同様に北側にコンクリートフレームを立て、緑のスクリーンをつくっている。

Bleu棟外観。蔓性の植物が繁茂している。

008 DUO

中野区東中野 1997年

小さな中庭をはさんで2棟を並立させる

小さな中庭をはさみ東西の道路に沿って2棟並んでいる。各住戸には中央の階段を伝ってアクセスする。2階と3階は［001:SQUARES］と同じ方式のフラットで、袖壁部分を収納とし、梁は床下に納め、道路側と中庭側に垂れ壁のない部屋幅いっぱいの大きな開口部をとっている。リビング空間は可動家具で自由に仕切り、組み立てられるようにしている。地階・1階はドライエリアの付いたメゾネットで地下は防音仕様としている。

12戸/RC造/地上3階・地下1階/9.9m/690.70㎡/34.3㎡〜67.8㎡

西側外観。壁部分に設備回りを集中させている。

配置図・1階平面図 1/500
メゾネット4戸の上階

地階・1階のメゾネット。1階の床は一部、光を取り入れるためのグレーチング。

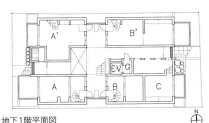

地下1階平面図
道路から下がると小さな中庭がある

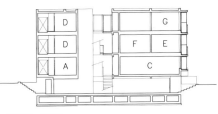

断面図 1/500
地階・1階はメゾネット、2階と3階はフラット。

009 8×H

渋谷区富ヶ谷 1999年

大開口で代々木公園を切りとる

代々木公園の前に建つシューズ・アパレル
企業の複合ビルである。8本の柱で支えるタ
ワーで、1階は駐車場、2階は事務所、3階
はショールーム、4階から上に「Ⅱ ヴォイ
ドのあるメゾネット」を3つ積層した。各ユ
ニットからはヴォイド越しに緑なす公園の
絶景を見下ろせ、屋上では曲率の緩いヴォー
ルト屋根の下で、アウトドアライフを楽し
める。

3戸/SRC造/地上9階・地下1階/30.9m/
589.99㎡/90.2㎡

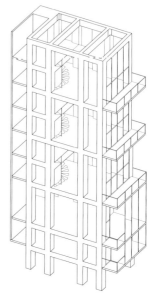

スケルトンアイソメ
8本の柱で支えるタワー

代々木公園越しの北東側外観

リビングから代々木公園を眺める

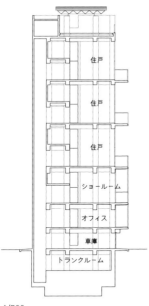

断面図 1/500
4階から上は「Ⅱ ヴォイドのあるメゾネット」を3つ積層

5階・7階・9階平面図
メゾネットの上階、寝室からヴォイド越しに公園を眺められる。

4階・6階・8階平面図 1/300
メゾネットの下階、大きなバルコニーが付く。

2層分のリビングからららせん階段で寝室へ

010 CUBES

港区海岸 1999年

RCスケルトンが湾岸の眺めを最大化する

［004:ALTO B］の近く、レインボーブリッジのループの正面に建つ。1ユニット97㎡の「Ⅱ ヴォイドのあるメゾネット」を5つ重ねている。どのユニットも下階に寝室とLDK、上階に寝室と設備回りがある。居住者の集いの場となる屋上の芝生広場は、海風を防ぐため三方にコンクリート壁を立ち上げ、防水の立ち上がり部分を広くとってコンクリートのベンチとした。屋上の階段側はコンクリートの庇の廊下としている。

15戸/SRC造/地上11階/35.8m/1834.64㎡/97.3㎡

屋上の芝生広場。居住者の集いの場となる。

東側夕景。ヴォイド空間が浮かび上がる。

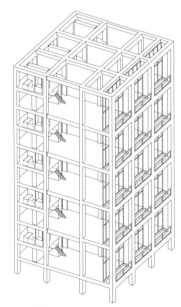

スケルトンアイソメ
4×4の柱に支えられるスーパー・ラーメン構造

木製デッキのバルコニーから海を望む

東側外観。15戸すべて、ヴォイド空間が海側に向く。

東側立面図　1/500

住戸断面図　1/300
リビングルームは2層分のヴォイドのある奥行き8.5mの空間

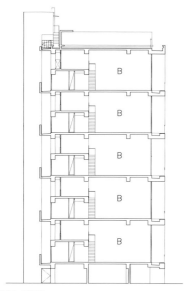

断面図　1/500
「Ⅱ ヴォイドのあるメゾネット」が5つ重なる

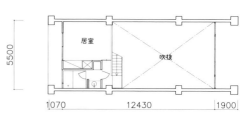

Bタイプ　上階平面図
2階の居室やバスルームから海の景色が見える

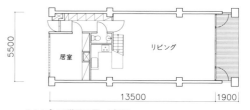

Bタイプ　下階平面図　1/300
奥行き約2mのバルコニーにはウッドデッキが貼られている

011 LOOPS
さいたま市浦和区針ヶ谷 1999年

鉄骨の階段をガラスのシリンダーで包む

広めのワンルームを主体とした集合住宅。各階をつなぐ階段は、段板がスチール・グレーチングで、上りやすさに配慮して緩やかな勾配になっている。弧を描く階段は半透明ガラス壁で囲われていて、プライバシーを保ちながら、夜、照明がつくと灯台のように周囲を照らす環境装置になる。

24戸/RC造/地上5階/17.0m/981.49㎡/29.1㎡〜32.4㎡

1階、階段につながるブリッジ状のエントランス通路。

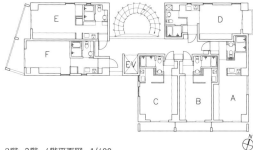

2階・3階・4階平面図　1/400
弧を描く階段が集合の中心となっている

半透明ガラスのシリンダーを見上げる。階段の段板はグレーチング。

012 QUINS

横浜市神奈川区入江 1999年

長屋5戸が共有の光庭を囲む

細い路地に囲まれた敷地に建つメゾネットの長屋。道路条件から木造在来工法とした。採光と通気を兼ねた中庭を取り巻くように5戸を配列している。「QUINS」は5つ子の意味。1階の手前を階高の高いリビング、奥のDKは階高を絞り、その上に浴室回り、さらに0.5層上って寝室に到るという構成で、ロフト付き「Ⅲ ヴォイドのあるスキップフロア」のメゾネットを並べた長屋のプロトタイプである。

5戸/木造/地上2階/7.1m/213.72㎡/39.7㎡〜46.3㎡

断面図 1/300
1.5層あるリビングから1層上がって設備回り、
さらに0.5層上がって寝室。

南西側外観。住宅密集地に5戸のシルバーの塊。

2階平面図
設備回りの上部には上りやすい寝室

Cタイプ。リビングから南側土間のサンルーフを見る。

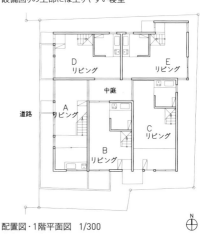

配置図・1階平面図 1/300
中庭を取り巻くように5戸配列

013 TWINS
横浜市神奈川区入江 1999年

正方形平面を2分割する

[012:QUINS]の近隣に建つメゾネットのコンパクトな2戸長屋。「TWINS」は双子の意味。[012]同様、道路条件から木造在来工法とした。ロフト付き「Ⅲ ヴォイドのあるスキップフロア」のメゾネットである。道路に面した入口とリビングの前に低い壁を立ててテラスをつくり、中間領域として道路と緩やかにつなげている。

2戸/木造/地上2階/6.9m/86.81㎡/42.2㎡

南側外観

配置図・1階平面図 1/400
道路に面した入口とリビングの前に中間領域

2階平面図

014 DETACHED
横浜市神奈川区子安通 1999年

セミ・デタッチドを最小化する

[012]、[013]の近隣に建つ木造2戸長屋。ロフト付き「Ⅲ ヴォイドのあるスキップフロア」のコンパクトなメゾネット。DETACHEDとは近代のイギリスに建てられた壁を共有する2戸長屋の semi-detached house に由来する。本書中、敷地面積、延床面積とも最小。

2戸/木造/地上2階/7.5m/61.02㎡/28.9㎡

北東側外観

Bタイプ。リビングからキッチンを見る。

015 DUPLOS

世田谷区下馬 2000年

変形狭小敷地に放射状平面を配する

鋭角をなす2つの道路に面した変形狭小（133.16㎡）の敷地に建つ。高さ10m以下に「II ヴォイドのあるメゾネット」を2つ重ねた4階建てである。台形平面を3つ並べ、全体として扇形としている。末広がりの平面形状と上下に大きく開く開口部が開放感をもたらしている。ユニット上階の通

路側の開口は視線を気にせず開け放せるため、十分に通気がとれる。3階通路の扇の要の部分は共用テラスとして活用される。

6戸/RC造/地上4階/9.9m/264.40㎡/43.6㎡
～44.1㎡

南西側外観。ヴォイドと大きい開口部が開放感をもたらす。

メゾネット下階から上階を見上げる

2階平面図

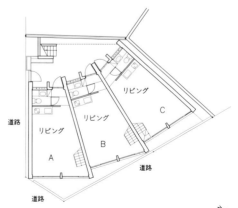

配置図・1階平面図　1/300
道路の角地で変形狭小の敷地に台形平面を3つ並べる

016 SAIZE Ⅱ

川崎市川崎区日ノ出 2000年

ユニットの中央に2層吹抜けを設ける

[003:SAIZE]に隣接する木造アパートの建て替え。高さ10m以下にメゾネットを2つ重ね、一戸建て住宅を重層したような構成の4階建てが2棟。上階の寝室に自然光と空気を取り入れるため、両棟の隙間をあけてダブルコリドーとし、通路にも自然光と空気をもたらすようにしている。全ユニットが「Ⅱ ヴォイドのあるメゾネット」。3・4階のメゾネットは、トップライトのある吹抜けのリビングを中央に、3階は手前に設備回り、奥に寝室、4階は2つの寝室としている。

16戸/RC造/地上4階/9.9m/1107.94㎡/59.7㎡ ～63.1㎡

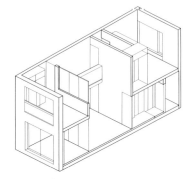

3・4階メゾネットのアイソメ
3寝室がヴォイドでコンパクトにつながるシステム

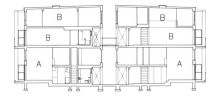

断面図 1/500
上階の寝室に自然光と空気を取り入れるため
ダブルコリドーとしている

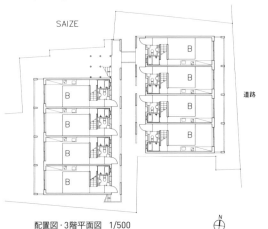

配置図・3階平面図 1/500
通路にも自然光と空気をもたらしている

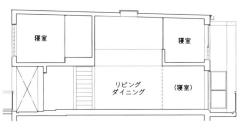

3・4階メゾネット断面図 1/200
ヴォイド空間はトップライトからの採光でリビングとして独立する

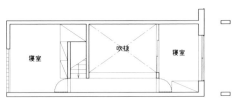

Bタイプ 4階平面図
ヴォイドをはさんで2寝室が独立する

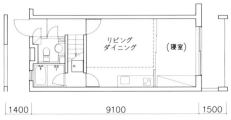

1400　9100　1500

Bタイプ 3階平面図 1/200
リビングと寝室は透過性のある建具で仕切る

北側より階段、通路を見る。

3階リビングのヴォイド

4階通路からヴォイド越しに寝室を見る

017 APARTMENT 02

中野区中野 2000年

居室と通路を遮断せず閉塞感を払拭する

中庭をはさんで南北に2棟並び建っている。囲まれた中庭空間は静かな都市のポケットパークを思わせる小宇宙を形成している。[015]、[016]同様、高さ10m以下に「Ⅱヴォイドのあるメゾネット」を2つ重ねた4階建てである。コンクリートの厚い界壁と床で囲む薄肉ラーメン構造により、高い遮音性・断熱性をもち、南北に大きな開口部がとれることで十分な自然採光、通気が確保されている。各メゾネットの構成は、プライベートとパブリックの空間を完全に分離しつつ、立体的な広さを感じさせ、室内を緩やかに一体化している。共用のルーフテラスからはダイナミックな都市の眺望を昼夜楽しめる。

7戸/RC造/地上4階/9.9m/384.44㎡/34.2㎡〜94.1㎡

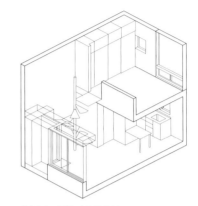

Cタイプ・メゾネットのアイソメ

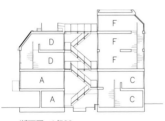

断面図　1/500
高さ10m以下で4階建て

配置図・1階平面図　1/500
中庭をはさみ南北に2棟

東側から中庭を見下ろす

3階Fタイプ。4階とペントハウス階へのらせん階段。右側はヴォイド。

C、C'タイプのメゾネットを見る。

018 LIAISON

横浜市神奈川区入江 2000年

2層吹抜けを左右対称に反転して積み重ねる

国道1号線（第二京浜）に面した変形狭小敷地に建つ。平面の台形部分に設備回りと寝室を納め、その隣に2層分の吹抜けのリビングルームが接している。奇数階・偶数階交互にリビングルームの位置を反転させながら「Ⅰ ヴォイドのあるフラット」を積み重ねる方式は［004:ALTO B］と同じで、1層あたりのヴォイドが占める割合も1/3で変わりない。ただしALTO Bの1ユニット99㎡に対し、ここでは標準的な賃料とするために最大でも約47㎡に抑えている。全体で7戸と小規模なことから、柱梁のもたらす存在感を和らげるためにメンバーが小さくなる鉄骨造とした。本書中100棟のうち、鉄骨造はこれを含めて3棟に限られる。室内空間のプロポーションゆえ、天井は非常に高く感じられる。一般的なエアコンを使って床下にも暖気が流れるオンドル式の空調を取り入れている。

7戸/S造/地上7階/19.8m/405.90㎡/25.8㎡〜47.1㎡

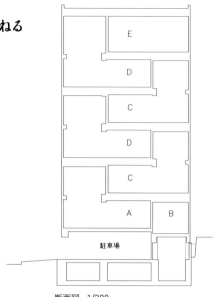

断面図 1/300
［004:ALTO B］と同じで「Ⅰ ヴォイドのあるフラット」を積み重ねる方式

4階・6階平面図
3階・5階平面とは線対称の関係

3階・5階平面図 1/300
8本柱のS造

北東側から第二京浜越しに望む

Cタイプのリビング。左奥に寝室がある。

019 TFLAT

町田市玉川学園 2001年

木造住宅をRC造で適法化する

2戸の木造住宅を建て替えるために共同で
考えられた計画。奥の2世帯住宅と手前の
6住戸＋1店舗・1事務所は壁を境に分離し
ている。6住戸は階段室型で間口の広いワ
ンルームだが、住戸内通路がないので広く
感じられる。

8戸/RC造/地上4階/9.9m/348.33㎡/28.9㎡〜36.8㎡

020 SCALA

新宿区箪笥町 2001年

中央階段が空に向かって貫く

高台に建つ6戸の集合住宅で、中央を共用
の階段（SCALA）が貫き、その両側に1フ
ロア2戸が配されている。1階住戸は共用入
口から専用のバルコニーを介し、2階、3階
の住戸は階段中央の踊り場を介してアクセ
スする。1階、2階はワンルームタイプ、3・
4階は「Ⅱ ヴォイドのあるメゾネット」と
なっている。

6戸/S造/地上4階/13.6m/197.79㎡/24.2㎡〜43.5㎡

2階平面図

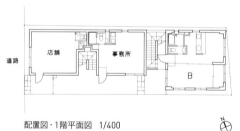

配置図・1階平面図 1/400

西側外観

大久保通り越しに見る南側外観

021 PASSAGGIO

品川区小山台 2002年

既存の路地を取り込んで街に開く

高さ10m以内に「II ヴォイドのあるメゾネット」を2つ積み上げた。敷地内に近隣の人たちが使っていた路地があったため、その上をまたぐ形で建物を建て、トンネル状に開放して路地を残した。集合住宅の3か所に分けた共用玄関はその通路に面している。街区の分断を避け、公共に開放した通路の機能を残した。

18戸/RC造/地上4階/9.9m/715.21㎡/
27.0㎡〜43.9㎡

トンネル状の路地を南側から見る

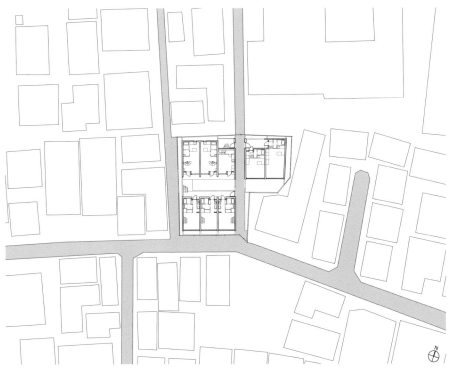

配置図・1階平面図　1/800　敷地内を北から南に貫通する路地は道路ではないが、地域の人たちが通り道として常用している。

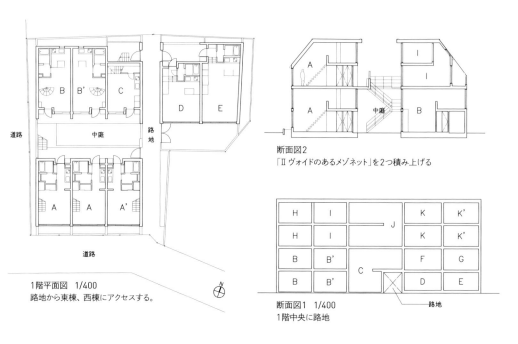

断面図2
「Ⅱ ヴォイドのあるメゾネット」を2つ積み上げる

H	I		K	K'
H	I	J	K	K'
B	B'	C	F	G
B	B'		D	E

断面図1　1/400
1階中央に路地
→路地

1階平面図　1/400
路地から東棟、西棟にアクセスする。

中庭から東側の路地方向を見る

Bタイプのリビングから中庭を見る

Bタイプのリビングからキッチン、上階の寝室を見る。

022 STEP

中野区上高田 2002年

半層ごとの踊り場からバルコニー・アクセスする

迷路のような路地に囲まれて建つ。35㎡の
広めのワンルームを東西に半層ずつずらし
て配し、その間の階段の踊り場から、奥行き
2mのバルコニーを伝って住戸にアクセスす
る。踊り場とバルコニーの間に格子戸を設
置してあり、鍵をかければ幅の広い専用テ
ラスとなる。バルコニーは共用部分から直
接視線が通らず、縁台やテーブルを置くと
室内と一体のリビング空間となる。各住戸
の南北の大きな開口部により風の通り道が
つくられ、プライバシーを保ちながら開放感、
自然採光、通気性が確保されている。内部
は必要な機能をコンパクトにまとめ、仕切
りのないフレキシブルなL字型平面である。

6戸/RC造/地上3階・地下1階/9.9m/345.87㎡/
35.7㎡～101.1㎡

北側外観。東側の住戸は北からアクセス。

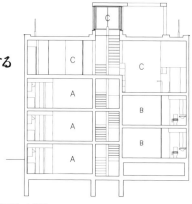

断面図 1/300
広めのワンルームが東西に半層ずつずらして配されている

3階平面図
3階はオーナー住戸

2階平面図
踊り場から奥行き2mのバルコニーを伝って住戸にアクセスする

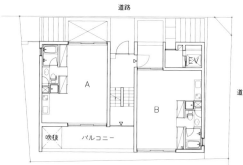

配置図・1階平面図 1/300
東側の住戸は北から、西側の住戸は南側からアクセス。

2階Aタイプにアプローチするバルコニー

2階Aタイプ。リビングからキッチンを見る。

カーテンウォールで住宅らしさを消す

駿河台の学生街に建つ、20戸+店舗3区画、地下1階、地上6階の複合施設である。繁華な市街地であり、生活感の現れを抑えることが望ましく、ガラスのカーテンウォールで包んだファサードとしている。逆梁を採用し、天井面をそのまま外部へとつなげることで、室内の開放性が得られている。中央のシリンダー状の吹抜けの外周が円形の共用廊下。各戸の廊下側にはロックできる網戸付きの格子戸が設けられ、プライバシーを守りながら通風をとることができる。各戸とも水回りを廊下側にコンパクトに配置

し、居室空間の広さ、自由度を高めている。あらかじめ大(高さ230cm)、小(高さ130cm)2種類の可動家具が備え付けられ、居住者はライフスタイルに合わせて自由に空間を構成できる。1階は通り抜け可能な通路を中央のシリンダー内にブリッジ状に渡し、二重らせんの階段(ダブルスパイラル)を地下につなげ、街の賑わいを建物内に引き込んでいる。ファサード、住戸、店舗併設など、SOHOとしての使用に適した仕様になっている。

20戸/RC造/地上6階・地下1階/21.6m/1836.01㎡/41.2㎡~82.9㎡

2階、3階のフラットタイプは大小の可動家具で自由に空間を構成できる。

東西北の3面はガラスのカーテンウォールで住宅らしさを消している

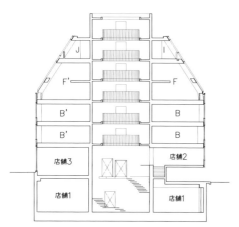

断面図 1/500
地階、1階が店舗。2階〜6階が共同住宅。

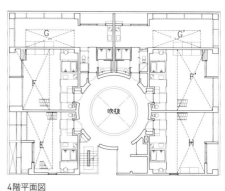

4階平面図
4・5階は「II ヴォイドのあるメゾネット」が6戸

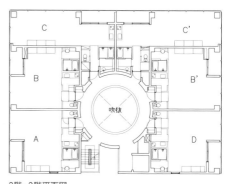

2階・3階平面図
中央に大きな円形の吹抜けを設けて自然光と外気を導き入れる

4・5階のセットバック部分は「II ヴォイドのあるメゾネット」

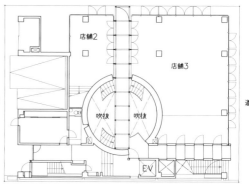

配置図・1階平面図 1/400
通り抜けできる通路に二重らせんの階段を付け、街の
賑わいを建物内に引き込む。

地階。二重らせん階段の踊り場からブリッジを見上げる。

024 ESPACIO

練馬区桜台 2002年

亜鉛メッキの鉄砲階段で回遊性を高める

南側が広い道路に面している1階店舗、ワンルーム、「II ヴォイドのあるメゾネット」の合計29戸の集合住宅。南棟と北棟の間にエレベーターと避難階段を絡めたスクエアな中庭がある。

29戸/SRC造/地上9階/26.1m/1399.82㎡/
24.4㎡〜158.8㎡

6階平面図

5階平面図 1/500
北棟は「II ヴォイドのあるメゾネット」2戸、
南棟はフラットのワンルーム3戸。

南側外観。北側には西武池袋線の高架が近くにある。

階段を絡めたスクエアな中庭を見下ろす

025 Torre Vista

港区東麻布　2003年

樹木越しに東京タワーを見上げる

北側に木が生い茂る斜面があり、搭状の5戸のどの部屋からも窓一面の緑を楽しめ、梢の上に東京タワーを仰ぎ見ることができる。都心に居ながら別荘地の気分を味わえる特別な環境である。フラット4戸は2つに折れる引き戸と可動収納の移動でワンルームから2LDKまでの住まい方の変化に対応できる。6・7階に「Ⅱ ヴォイドのあるメゾネット」がある。

5戸/RC造/地上7階/19.9m/453.87㎡/50.7㎡〜80.5㎡

居室より樹林越しに東京タワーを見上げる

2階から5階のフラット。2つに折れる引き戸と可動収納。

026 河田町コンフォガーデンのインフィル

新宿区河田町 2003年

引き戸や可動家具で空間を自由に分節する

都市基盤整備公団（現UR都市機構）が建てた41階建てのビルの中のインフィルの提案。29階のワンフロアと1階の一部について、「スケルトンの中に新しい都心居住のスタイルをつくる」というテーマに対応させた。暮らし方、プラン形式、収納方法など、実験的な提案を行い、29階はフラット、1階はロフト付き「Ⅳ ヴォイドのある1.5層」としている。30階と1階のほかの一部は千葉学氏が提案している。

17戸/RC造/地上41階の1階・29階

ALTO B型。ロフトと階段（1階）。

ALTO B型。1.5層のリビング（1階）。

ジャイアントファニチュア型（1階）。グリッド状棚に囲まれる。

ALTO B型ロフト階平面図

ALTO B型平面図。［004:ALTO B］を1.5層で計画。

マルチコネクト型平面図　1/300
中央に門型連続壁を配置し、アクティビティの中心となる。

084

29階平面図　1/500
12タイプ14戸。生活をサポートする収納と機能が限定されない実験的プラン。

29階
A:サーキュラー型プランニング　　　D:シェアードハウス型プランニング
B:センターコア型プランニング　　　E:ワンルーム型プランニング
C:マルチコネクト型プランニング

1階
F:ジャイアントファニチュア型プランニング
G:ALTO-B 型プランニング
H:スキップ型ロフトプランニング

センターコア型。左は壁面収納。右は設備と居室。
内部通路でつながる（29階）。

サーキュラー型。玄関からリビングを見る。
左側に2つの設備コア（29階）。

マルチコネクト型。右側設備周り、左側居室を
引き戸で区切り、つなげる（29階）。

シェアードハウス型。引き戸、可動棚、収納で
個室を区切る（29階）。

027 WELL SQUARE HIMONYA

目黒区碑文谷 2003年

緑と水が溢れる屋上庭園の回遊を可能にする

三方道路の敷地に4つの住棟が中庭を囲むかたちで配置されている。各棟にメゾネットとフラットを混在させ、およそ半数が「Ⅱヴォイドのあるメゾネット」である。構造は厚さ約25cmの壁と床で構成される薄肉ラーメン構造で、遮音性を非常に高めている。片廊下に3つの階段を付け、1、3、5階では4棟を一周でき、6か所ある屋上庭園に

階段や通路伝いに周回できる。各所にベンチやテーブルを設え、それらの庭園を周遊する仕掛けとしている。既存の井戸水は1階の池に貯められ、ポンプアップされて各所をめぐった後、敷地内の浸透層から地面に吸収される。

78戸/RC造/地上7階/21.4m/5990.11㎡/42.7㎡〜81.5㎡

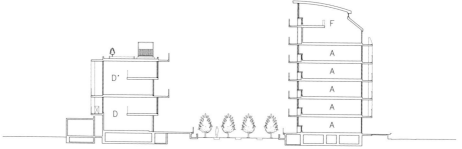

断面図　1/600
メゾネットを2つ重ねた4階建ての北棟、フラット5つとメゾネット1つの7階建ての南棟。

西側外観。西棟と南棟の屋上庭園が3か所見える。

6階平面図
西棟の一部が屋上庭園

7階平面図
西棟の一部、南棟の一部（2か所）、東棟に屋上庭園。
階段で5階、6階の屋上庭園に周回できる。

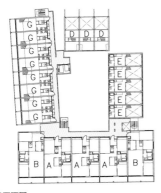

4階平面図
北棟、東棟はメゾネットのため南棟、西棟にのみ廊下。

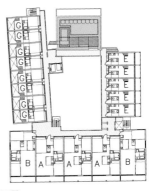

5階平面図
北棟（4階建て）に屋上庭園。廊下が四周まわる。

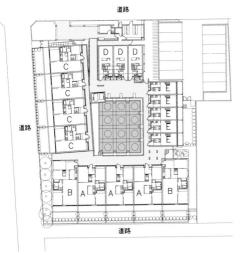

配置図・1階平面図　1/1000
中庭を池が囲み、その周りが廊下となる。

5階の屋上庭園から6階の屋上庭園を見る

中庭の夕景。館内を巡回する水が流れる。

1階中庭前のコモンスペース

028 PORTEMAIUS

杉並区上高井戸 2003年

三方にバルコニーをめぐらす

京王線の高架駅に隣接し、四方を道路に囲
まれた敷地。厚い壁と床の薄肉ラーメン構
造で、線路のある北側以外の三方向に開い
た平面。立地特性からワンルームと1LDK
のフラットが大半となっている。

35戸/RC造/地上6階/18.4m/1380.37㎡/26.2㎡～48.4㎡

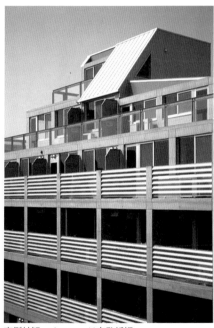

南側外観。バルコニーは有孔折板。

2戸の小さな「Ⅱヴォイドのあるメゾネット」

029 trevent

川口市幸町 2003年

RCフレームで大空間を想起させる

ワンルームで、広さは同じだが性格の異な
る3タイプのフラットがある。9階はオー
ナー住居。

20戸/RC造/地上9階/27.8m/958.4㎡/37.1㎡～75.0㎡

西側外観

東側のワンルームのフラット

030 WELL TOWER

川崎市高津区久本 2003年

吹抜けを交互に積み上げてダイナミックなリビングを得る

商業地域に建つタワー状の集合住宅。1階、2階は回遊性のある商業施設、3階以上が住居。二重らせん階段を内包するシリンダー状の吹抜け空間が共用エントランス前の屋外広場としてシンボリックに配置されている。住居階では外部開放の中廊下に6本のタワーを交互にずらして配置している。「Ⅰヴォイドのあるフラット」が半数以上を占め、その平面はT字型、L字型の2タイプある。いずれも水回りと寝室の位置は固定し、リビングルームの位置を奇数階、偶数階で交替して配置している。その結果、2層分の天井高のリビングルームが生まれ、46㎡の1LDKながら都市居住の新たな姿がもたらされている。

86戸/SRC造/地上10階・地下1階/34.0m/6780.29㎡/32.4㎡〜46.0㎡

西側外観。南側に6本のタワーが交互にずらして配置されている。

T字型プランのキッチンから寝室を見る

T字型プランのリビングからキッチンを見る

H2タイプ　平面図
T字型プラン。北側のヴォイドは下階の
E2タイプの上部。

9階平面図

E2タイプ　平面図　1/300
L字型プラン。南側のヴォイドは下階の
H2タイプの上部。

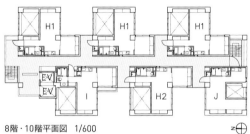

8階・10階平面図　1/600
外部開放のアルコーブを交互につくり中廊下の
閉鎖性を払拭した

断面図　1/500
北棟は2階まで商業施設、3階〜6階にフラット。南棟は1階が診療所、2階〜10階が
「Ⅰヴォイドのあるフラット」(2階11戸中の5戸はフラット)で構成されている。

031 OPUS

練馬区桜台 2003年

両面の大開口で伸びやかさをもたらす

練馬区の駅近の住宅街に建つ約34㎡のワンルームを中心とした11戸の低層集合住宅である。2つの階段からアクセスする階段室型の構成で、全戸とも風通しと自然光を重視している。そのうち5戸は、階段室の踊り場からバルコニーを通ってアクセスする。バルコニーは有孔折板で囲われて、踊り場とバルコニーの境の扉をロックすると住戸専用の外部空間となる。東西両面の大きな開口によって、奥行き8.8mのリニアな住空間に十分な光と風が供給される。また天井が2.83mと高く、伸びやかな広さを十分に感じられる。その他、メゾネット、ヴォイド、ロフトなどを取り入れた変化に富んだ住戸もある。屋上テラスは開放されている。

11戸/RC造/地上4階・地下1階/9.9m/459.99㎡/
32.6㎡〜52.7㎡

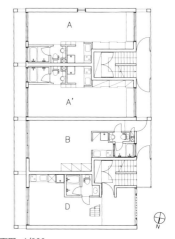

2階平面図 1/300
A・Bタイプともバルコニーからアクセスし、東西両面が開放。

Aタイプ。アクセスバルコニーから
階段を見る。

Aタイプ。アクセスバルコニーを見る。

Aタイプ。バルコニーを見る。

032 Zephyr

目黒区平町 2003年

傾斜に合わせアクセス方法を変える

商業地と住宅地とが混在する環境に建ち、2つの階段室を中心に構成した集合住宅。道路に高低差があるため、西側住戸はバルコニーから、東側住戸は内部からアクセスし、後者は独立したバルコニーをもっている。1階、2階はコンパクトに納めた設備を付随した奥行きのあるワンルームで、高さ120cmの可動収納によって空間を区分けする。とくに1階は土間のワンルームで、奥のサッシを全開放としてテラスとの一体感をもたせた。3・4階は北側にトップライトが付いている明るい「II ヴォイドのあるメゾネット」である。

12戸/RC造/地上4階/9.8m/553.39㎡/29.7㎡〜66.3㎡

3・4階「II ヴォイドのあるメゾネット」

南側外観。傾斜に合わせアクセスを変える。

033 ARTIS

新宿区矢来町 2003年

らせん階段のある吹抜けが狭さを補う

新宿区の閑静な住宅街に立地する。高さ
10m以下に「Ⅱ ヴォイドのあるメゾネット」
を2段に重ねている。いずれも43〜47㎡、下
階にLDKとトイレ、らせん階段で吹抜けを
上ると洗面・浴室を通って寝室に入る形式
で、寝室の独立性が高い。

6戸/RC造/地上4階/9.7m/316.77㎡/43.3㎡〜47.9㎡

断面図　1/300
「Ⅱ ヴォイドのあるメゾネット」を2段に重ねる

西側から望む。各戸のヴォイドが浮かび上がる。

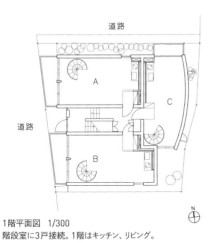

1階平面図　1/300
階段室に3戸接続。1階はキッチン、リビング。

2階平面図
設備回りを通過して寝室に行く

らせん階段が空間のシンボル

リビングからキッチンを見る

横浜市山下町　2004年

スモールオフィスとホームオフィスを中庭でつなぐ

都市基盤整備公団（現UR都市機構）が横浜の中央業務地域（CBD）に建てた施設。スモールオフィスの集合体とホームオフィスとして住める集合住宅がそれぞれ別棟として建ち、1階は商業施設の複合建築となっている。住戸の入口周辺をオフィスとして使えるようにしている。屋上には居住者が花火大会や港の景色を眺められるデッキ広場がある。

40戸/RC造/地上10階・地下1階/30.9m/5814.04㎡/61.1㎡〜75.3㎡

スモールオフィスの打合せコーナー

ホームオフィスのフローリングタイプ

ホームオフィスの土間タイプ

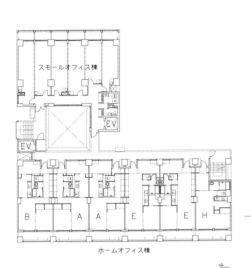

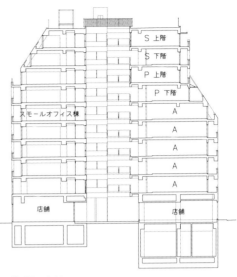

5階平面図　1/600
北側がスモールオフィス棟。中庭をはさみ南側がホームオフィス棟。

断面図　1/600
屋上には居住者が集うことができるデッキ広場がある

スモールオフィス棟とホームオフィス棟の間の吹抜け（中庭）

035 グレンパーク秋葉原イースト

千代田区岩本町 2004年

らせん階段を光の筒にする

1階に1店舗、2階から11階は約26㎡のワンルーム、12・13階は「Ⅱ ヴォイドのあるメゾネット」という構成。エレベーターホールから片廊下がつながるシステムで、片廊下の先端に付いている屋外避難階段は、ふつうは陰に隠してしまうが、ここではあえて存在感を与えらせん階段としている。その大きな吹抜けは各階ホールに活気をもたらしている。階段は直径が約6mで、踏み面も75cmあり、勾配が緩く、折り返しなく上階につながるため上り下りしやすく、よく活用されている。周囲は有孔折板で囲われ、夜間は照明によって光の筒になる。

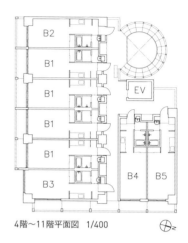

4階～11階平面図　1/400

84戸/SRC造/地上13階/39.2m/2988.34㎡/26.2㎡～45.9㎡

北東側外観。照明の灯る夜間は光の筒となる。

段板がグレーチングのらせん階段

036 Hi-ROOMS桜上水A

世田谷区桜上水 2004年

南面の大開口からの日差しを奥に引き込む

道路をはさんで南側は私鉄の操車場で日照は十分に確保できる。南側は天井の高い（3m～3.4m）3階建てとし、日差しを奥に引き込んでいる。北側は天井高を抑え4階建てとしている。こうして生まれる南北のレベルの差を利用し、天井の高さに変化を与えることで、すべての住戸を「立体化ユニット」として構成した。1階も2階も「IV ヴォイドのある1.5層」で、共に南側の天井を高くした。3階は「III ヴォイドのあるスキップフロア」で、3階のタイル張りの土間空間から上に行くにしたがってプライバシーの度合いが高くなるようにした。

14戸/RC造/地上4階/9.9m/684.01㎡/37.1㎡～56.8㎡

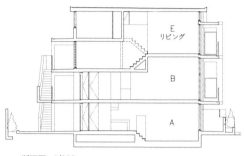

断面図 1/300
「立体化ユニット」の2つのパターンの組合せ

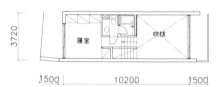

Eタイプ上階住戸平面図
さらに半層上って4階バスルームと寝室へ

配置図 1/2500
南側は京王電鉄の操車場

Eタイプ下階住戸平面図
ダイニングから半層上って1.5層のリビングへ

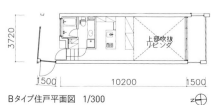

Bタイプ住戸平面図 1/300

100

Eタイプ3階メゾネットのリビング。半層上ってバスルーム、奥に寝室。

Eタイプ3階メゾネット下階。奥にキッチン、半層上って1.5層のリビングへ。

037 Hi-ROOMS桜上水B

世田谷区桜上水 2004年

［036］と同じ構成でアレンジする

［036］と同様の構成で、相対的に床面積を
少なくしている。仕上げ材料の一部がより
ソフトなものになっている。

13戸/RC造/地上4階/9.9m/499.35㎡/27.4㎡～44.7㎡

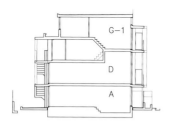

断面図　1/400
「立体化ユニット」の3つのパターン

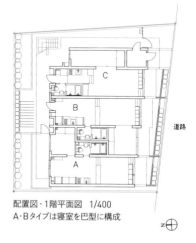

配置図・1階平面図　1/400
A・Bタイプは寝室を巴型に構成

道路

南側外観。バルコニーの手すりは有孔折板。

038 VENTO

西東京市東町 2004年

風通しを重視してプランニングする

駅前に立地するが、上階から周辺に残る畑、果樹園、雑木林を一望できる環境である。緑地が多く、夏季、都心から比べると気温は少し下がる。そのため風通しをよくして、夏季の夜間でも空調を使わずに過ごせるようプランニングしている。冬季も日当たりを重視し、南面は開口部を最大限に確保。一部の住戸は、タイル敷きのルーフバルコニーに面して全開放できるガラス戸を付け、外とのつながりを強めている。

22戸/RC造/地上6階/19.7m/1292.48㎡/28.2㎡～113.0㎡

通風を確保する入口のパンチング戸

入口からリビングを見る

ルーフバルコニーに全開放可能なガラス戸のあるリビング

コンフォリア代官山Tower

渋谷区恵比寿西　2005年

カーテンウォールにより景観を取り込む

敷地東面に公園が広がり、眺望に恵まれて
いる。店舗1戸を含む30戸で、地下1階、地
上14階、S造一部SRC造の高層集合住宅で
ある。公園側のファサードにはカーテン
ウォールを採用し、低層部の住戸からは公
園の、高層部からは都心のビル群の景観を
丸ごと享受できる。広めのワンルームは可
動家具によって生活領域を変化させること
ができる。

30戸/S造+SRC造/地上14階・地下1階/41.6m/
1686.28㎡/44.8㎡〜59.8㎡

9階〜14階平面図　1/300
東側（公園側）に大きな開口部

公園側に開く大きな開口部

北東側外観。ガラスのカーテンウォールによるファサード。

040 コンフォリア代官山Terrace

渋谷区恵比寿西 2005年

地下と1階のメゾネットでSOHOニーズに応える

［039］に並んで建つが、公園には面さず北側道路に面している。地階・1階は道路側にらせん階段を配した「Ⅱ ヴォイドのあるメゾネット」3戸で、居室の両側にドライエリアを設けることで、風が通り自然光が射し込む。道路から直接アクセスできるため、SOHO向きである。2・3階はバルコニー側に「Ⅱ ヴォイドのあるメゾネット」4戸を配し、前面に隣接する小学校の校庭の緑を望める。4・5階はセットバックの部分をルーフテラスとし、開放感が高い「Ⅱ ヴォイドのあるメゾネット」2戸と「Ⅰ ヴォイドのあるフラット」1戸である。

10戸/RC造/地上5階・地下1階/13.8m/690.55㎡/36.1㎡〜43.2㎡

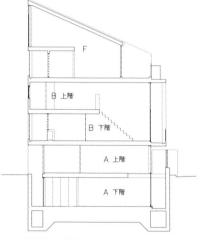

断面図　1/300
「Ⅱ ヴォイドのあるメゾネット」が3つ積み重なる

北側外観。1階は道路からダイレクトにアクセスする。

106

Fタイプ4・5階のメゾネット。斜屋根により空間のつながりを生む。

Aタイプ地階・1階のメゾネット。道路から
ドライエリアを越え、ダイレクトにアクセス。

Bタイプ2・3階のメゾネット。道路側に大開口。

041 tuft

板橋区清水町 2005年

入口を半層分上げて天井高を生かす

板橋区の旧中山道近くの住宅地に建ち、すべて「Ⅳ ヴォイドのある1.5層」で構成。[026: 河田町コンフォガーデン]の1階のインフィルで試した1.5層のユニットを小単位にまとめている。住戸はすべて30㎡前後で、1.5層のスキップフロア。それを4つ並べ、3段に重ねている。玄関から入って通路の片側にバスとトイレ、反対側の80cm上にロフトを配している。階段を半層下りると天井高3.7mのリビングになる。入口方向を見返すと、バス・トイレの下に床下収納、ロフトの下にキッチンがある。床、天井とも奥行きいっぱいにつながり、空間全体が一体化して見えるので、広さが十分に感じられる。外の廊下の天井を高くとっているため、キッチンや床下収納にある窓を通行にかかわらず開けることができる。

12戸/RC造/地上3階/12.2m/377.31㎡/29.9㎡〜31.1㎡

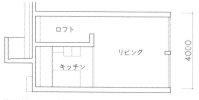

住戸断面図　1/200
リビングの天井高は3.74m

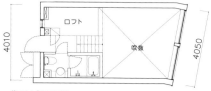

住戸上部平面図
入口・バス・トイレから半層下りてリビングに到る

住戸下部平面図　1/200
ロフト下のキッチンとバス・トイレ下の床下収納

南側外観。ヴォイドが浮き出る。

リビングから入口方向を見る

042 SCALE

新宿区西早稲田 2005年

狭小敷地の最適解を12の床レベル設定で解く

「II ヴォイドのあるメゾネット」と「III ヴォイドのあるスキップフロア」、「IV ヴォイドのある1.5層」を組み合わせてつくった10戸の「VI 立体パズル」。躯体はともに25cmの厚い壁と厚い床でつくられた強固な門型フレームの鉄筋コンクリート造である。階段の部分を窪ませて南棟と北棟に分け、光と風の抜け道としている。床レベルを1.3 mの間隔で設定。各住戸は床から天井までの大きな開口部をとり、採光、風通しなど自然の要素を引き入れている。この構造は、上下階や隣戸の間を充分な質量で遮り、外断熱とすることによって、遮音性、断熱性、蓄熱性に優れている。さらに床暖房、ペアガ

Iタイプ。3層吹抜けのペントハウスから屋上に出る。

ラス、備え付けのブラインドなどで補強し、良好な熱環境をつくっている。

10戸/RC造/地上4階・地下1階/13.6m/596.11㎡/35.7㎡〜114.0㎡

段板がグレーチングの共用階段

Fタイプ。ヴォイドのあるメゾネット。

110

南側外観。さまざまなタイプの「立体化ユニット」が浮かび上がる。

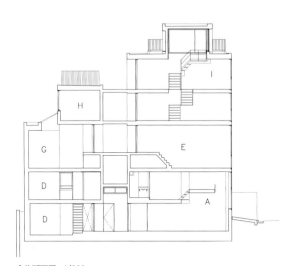

全体断面図　1/300
中央の階段室で南棟と北棟に分かれる

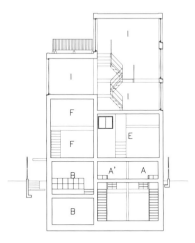

南棟断面図
「Ⅱ ヴォイドのあるメゾネット」と「Ⅲ ヴォイドの
あるスキップフロア」、「Ⅳ ヴォイドのある1.5層」の
組み合わせ。

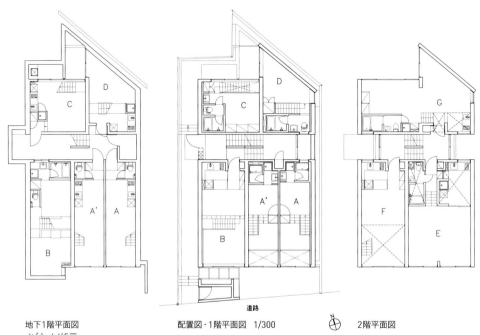

地下1階平面図
メゾネットが5戸

配置図・1階平面図　1/300

道路

N

2階平面図

Iタイプ。「Ⅲ ヴォイドのあるスキップフロア」のメゾネットのリビングルーム。

Hタイプ。「Ⅳ ヴォイドのある1.5層」。

043 GRAND SOLEIL鵠沼海岸

藤沢市鵠沼海岸 2005年

向かい合うリビングを上下階に分け視線の交差を避ける

ロフト付き｜Ⅲ ヴォイドのあるスキップフロア」のメゾネットを4戸ずつ並べ、通路をはさんで向かい合わせに建てた8戸の長屋形式の集合住宅である。40㎡、50㎡、60㎡前後の住戸を組み合わせている。日当たりが望める南側は1階にLDKを、北側は向かい合いを避けるため2階にLDKを配置している。

8戸/RC造/地上2階/7.0m/413.26㎡/39.9㎡～59.1㎡

Dタイプ断面図 1/200
北棟は2階をリビングとしたため、入口と設備回りは0.5層上ったレベルにある。

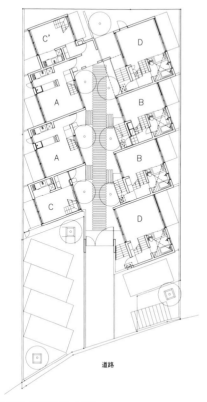

配置図・1階平面図 1/400
南棟4戸、北棟4戸が通路をはさんで向かい合わせに建つ。

道路

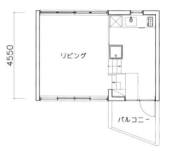

Dタイプ2階平面図
入口より0.5層上ったレベルにリビング、さらに0.5層上ったレベルにバルコニーのあるダイニングキッチン。

Dタイプ1階平面図 1/200
入口より0.5層下ったレベルに寝室、設備回りの下は床下収納。

114

通路をはさんで4戸ずつ南向きに並ぶ

Dタイプ。吹抜けのあるスキップフロアのリビング。

044 FLEG池尻

世田谷区池尻 2005年

6つのレベルの住空間をダブルスパイラルでつなぐ

世田谷区の道路が入り組んだ住宅地に立地する。高さ10m以内に北棟は「II ヴォイドのあるメゾネット」を2つ積み重ね、南棟は［036:Hi-ROOMS桜上水A］、［037:Hi-ROOMS桜上水B］と同様の断面方式をとっている。北棟は1階と3階に、南棟は1階、2階、3階に片廊下を配した。北棟の廊下を南側、南棟の廊下を北側にとり、二重らせんの階段（ダブルスパイラル）を中央に配して片廊下形式の2棟を結合している。

25戸/RC造/地上4階/9.95m/1028.35㎡/25.0㎡〜53.1㎡

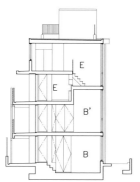

南棟断面図　1/300

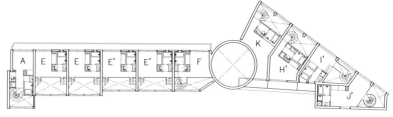
ダブルスパイラルを見下ろす

4階平面図

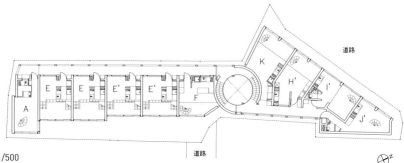

3階平面図　1/500
南棟は北側に廊下、北棟は南側に廊下があり、二重らせんの階段（ダブルスパイラル）で1階まで下りる。

Eタイプ。吹抜けのあるスキップフロアのリビング。

H'タイプ。吹抜けのあるメゾネットのリビング。

045 IPSE東京EAST

中央区八丁堀 2006年

シリンダー状の吹抜けで奥行きの深さをカバーする

奥行きの長い敷地に短冊状に住戸空間をリニアに配列。中央に直径6.5mのシリンダー状の壁で囲まれた吹抜け空間をつくり、円形片廊下で1フロアの7戸をつなぎ、空からの自然光を享受できるようにしている。住戸スパンに横架した梁を順梁と逆梁とに使い分けることで高さに変化をつけている。最上階の10階はペントハウス付きで屋上が利用できる。

59戸/RC造/地上10階・地下1階/29.9m/3409.74㎡/40.0㎡～80.9㎡

道路

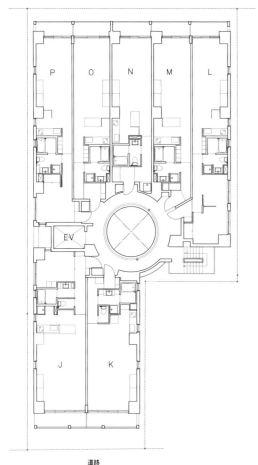

4階～7階平面図 1/300
円形片廊下に7戸がつながり空からの自然光を共有する

道路

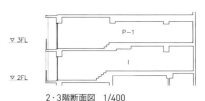

2・3階断面図 1/400

円形廊下の吹抜け。1階はガラス屋根のホール。

118

3階K1タイプ。居室からキッチンを見る。逆梁を利用してスキップし、3.3mの天井高を確保。

2階Iタイプ。居室からキッチンを見る。

2階Eタイプ。ホールからロフトを見る。

ROKA TERRAZZA

世田谷区南烏山 2006年

住戸と一体化した街路を宙に浮かべる

京王線芦花公園駅南口再開発事業の一環
となる、駅前にあっていちばん大きい街区
に建てられた148戸の集合住宅。下階に大
型食品スーパー、診療所、飲食店、地下駐
車場のある駅前型商業施設が付設してい
る。2階より上に建つ集合住宅6棟のうち、
北側の1棟を除いた5棟を担当した。南向
きに1棟、中間部に4棟を南北方向に平行
に配置。「Ⅱ ヴォイドのあるメゾネット」が
56戸、スタジオタイプのフラットが90戸、
合計146戸および最上階にオーナー住居が
ある。3階、5階に通路を集約して利用密度
を高くし、居住者同士が接する機会を多く
している。また通路に絡めて植栽やパーゴ
ラなどをリンクさせ、立体街路を模した。

148戸/RC造/地上8階・地下1階/24.9m/
13870.27㎡/23.2㎡〜407.6㎡

南側の階段、通路を見上げる。

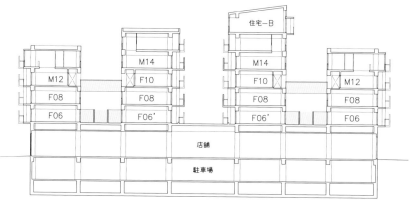

断面図 1/600
5階の東側2棟と西側2棟にダブルコリドー

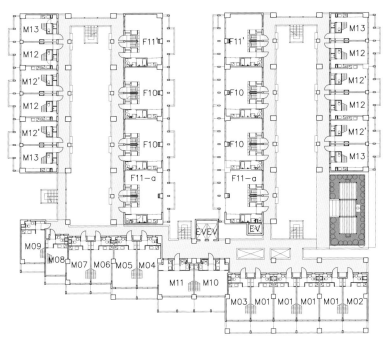

5階平面図
5階の東側2棟と西側2棟がダブルコリドーで回遊できる

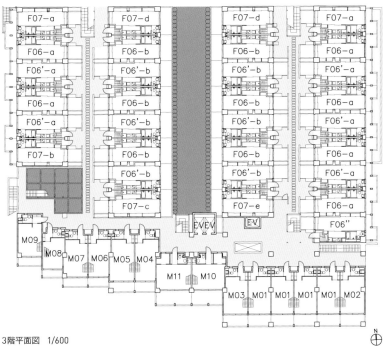

3階平面図　1/600
店舗の上の3階は4棟の間に3つのリニアな中庭がある

121

3階、4階へのアクセスとなる共用通路。

M14タイプ　7階平面図
「Ⅱ ヴォイドのあるメゾネット」

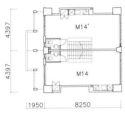

M14タイプ　6階平面図
「Ⅱ ヴォイドのあるメゾネット」

F10タイプ　5階平面図（スタジオタイプのフラット）
上階のM14タイプの入口

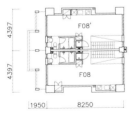

F08タイプ　4階平面図
階段のヴォイド分広く感じられる

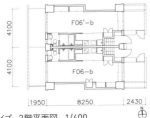

F06タイプ　3階平面図　1/400
入口回りにプライベート・コートがある

南側外観。「Ⅱ ヴォイドのあるメゾネット」が重なる。

南側メゾネット。ヴォイドからリビングを見下ろす。

047 ALBA

港区海岸 2006年

平面の1/4の吹抜けをもつフラットを重層する

［004:ALTO B］、［010:CUBES］の近隣にあり、それらと同様に倉庫の建て替えである。片廊下の脇にはゆりかもめが通っている。38㎡の住戸28戸とオーナー住戸1戸、計29戸すべて「Ⅰ ヴォイドのあるフラット」で、同タイプでは最小のユニットである。1スパンのラーメンを田の字型に区切り、水回りを固定し、その対角線に寝室を、吹抜けのリビングを上下階で交互に対角に配置している。その結果、L字型と逆L字型の平面が重層するかたちとなっている。L字型は置き家具で仕切り、逆L字型は引き戸で公私のゾーンを仕切る。

Cタイプ。リビングから2層吹抜けを見る。

29戸/RC造/地上11階/34.2m/1276.81㎡/38.2㎡〜78.5㎡

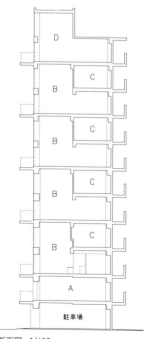

断面図 1/400
BタイプとCタイプの組み合わせ

Bタイプ（逆L字型） 平面図

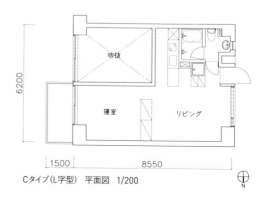

Cタイプ（L字型） 平面図 1/200

西側外観。バルコニーを交互にずらし、リズムと開放感をつくる。

048 TEDDY'S COURT

葛飾区西新小岩 2006年

平面の1/6のヴォイドをもつフラットを重層する

東側は交通量の多い広い通りに面し、北側、西側も道路に面した敷地である。「Ｉ ヴォイドのあるフラット」27戸の集合住宅＋店舗で構成されている。南側と北側には2ベッドルームタイプで吹抜けのあるリビングルームの位置を交互に変え、L字型と反転L字型を組み合わせた平面を重ねた。57㎡の2LDKで、吹抜けはリビングルームのみとし、1層あたりの吹抜け率を1/6に抑えている。これによって躯体費や外装費が抑制されている。東側は吹抜け率が1/4の72.2㎡の3ベッドルームで、SOHO的な利用に向いている。

28戸/RC造/地上10階/34.2m/2193.04㎡/44.5㎡～72.2㎡

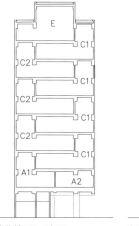

南北断面図　1/600
C、C'タイプの組み合わせ

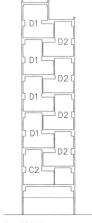

東西断面図
D、D'タイプの組み合わせ

3階・5階・7階・9階平面図　1/400
Dは平面の1/6、Cは1/4をヴォイドに
供出している。

4階・6階・8階平面図
D1、D2とC、C'はヴォイドを含めて
線対称のプランとなる

D1タイプ。リビングから寝室を見る。右手に設備回りをはさみもう一つ寝室がある。

D1タイプ。寝室からリビングを見る。

049 IPSE祐天寺

目黒区祐天寺 2006年

シリンダー状のヴォイドで光と風を呼び込む

駅前にあり、2面道路の台形敷地に建つ。
1階が商業施設、2階以上が集合住宅の複合
建築である。円形の中庭通路を中央に配し、
そこから自然風を取り入れ、ガラスブロッ
クの開口部と下部の換気窓を通じて採光・
通風をとっている。中廊下に円形の風穴を
取り入れたような形式である。最上階に「Ⅱ
ヴォイドのあるメゾネット」が2戸ある。

27戸/RC造/地上7階・地下1階/20.2m/1551.91㎡/
30.5㎡〜58.2㎡

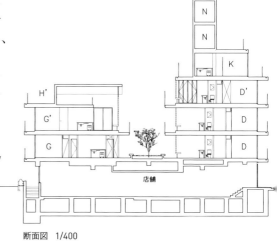

断面図 1/400

シリンダー状の外部ヴォイドを見下ろす

シリンダー状の壁を隔てた住戸のヴォイド

128

050 S-AXIS

練馬区豊玉南 2006年

南3層・北4層の断面構成とする

住宅街にあるが南側が中央緑地帯のある広い道路に面していたため、[036]、[037]と同じく南側の開口を大きくとった断面形式としている。3階の一部がオーナー住居で1.5層のロフト付き。

12戸/RC造/地上4階/9.9m/692.10㎡/40.0㎡〜63.4㎡

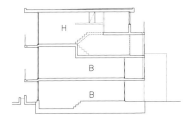

南北断面図 1/400

Hタイプ 3階リビングから半層下がったダイニング、半層上った寝室を見る。

同タイプ、4階から3階のリビングを見る。

051 Clavier

新宿区早稲田鶴巻町 2006年

異なる8戸の立体パズルを解く

都心の住宅地の中、35坪の狭小敷地に建てられた8戸の集合住宅。IからIVまでの「立体化ユニット」を組み合わせている。1.3m（半層）ごとに12の床レベルを設定し、その中から連続した3〜4レベルを選択して8住戸を構成。中央部分を階段室とし、それぞれ異なるレベルの踊り場からアクセスする。すべての平面形が異なる複合化した「VI 立体パズル」となっている。「Clavier」とは1オクターブを12等分した平均律による半音の構成の意。

8戸/RC造/地上4階・地下1階/13.0m/378.79㎡/31.3㎡〜66.3㎡

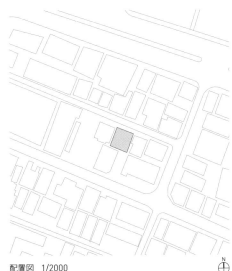

配置図 1/2000
新目白通りから1本入った住宅地の中

北側外観。夕刻、立体パズルが浮かび上がる。

Dタイプ。リビングから寝室方向を見上げ、ダイニングキッチン方向を見下ろす。

Fタイプ。廊下からリビングを見下ろし、ロフトを見る。

Fタイプ。リビングからロフトを見上げる。

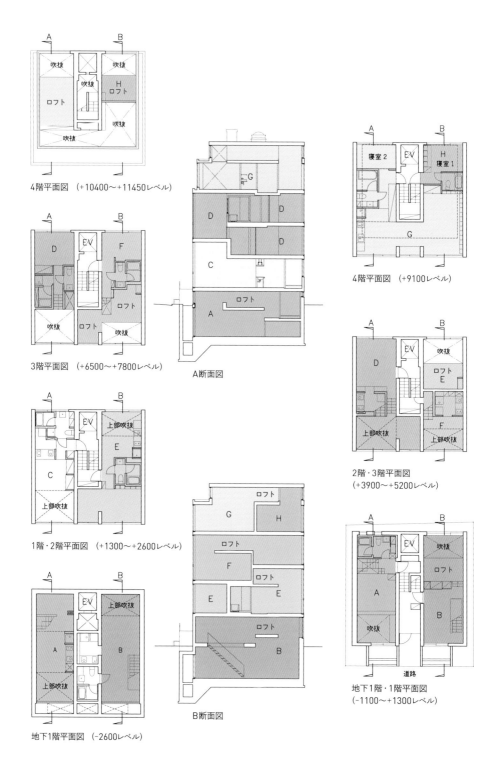

4階平面図 （+10400〜+11450レベル）

3階平面図 （+6500〜+7800レベル）

A断面図

1階・2階平面図 （+1300〜+2600レベル）

地下1階平面図 （−2600レベル）

B断面図

4階平面図 （+9100レベル）

2階・3階平面図
（+3900〜+5200レベル）

地下1階・1階平面図
（−1100〜+1300レベル）

平面図・断面図　1/300

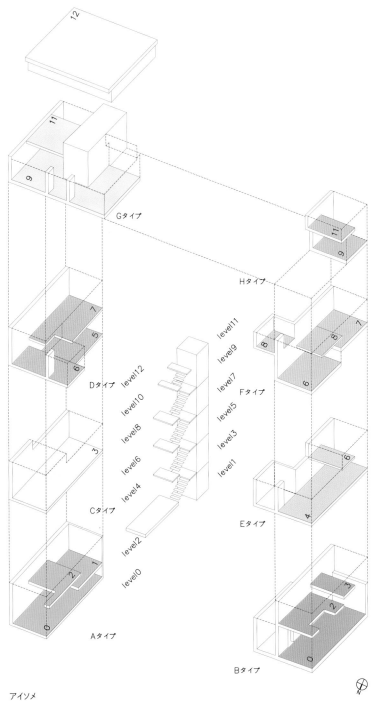

Aタイプ
Bタイプ
Cタイプ
Dタイプ
Eタイプ
Fタイプ
Gタイプ
Hタイプ

level0
level1
level2
level3
level4
level5
level6
level7
level8
level9
level10
level11
level12

アイソメ
階段室を中心に8つの異なった「立体化ユニット」が組み合わさる

052 ISLANDS APARTMENT
西東京市東町 2006年

「橋」で「島」をつなぎ超変形敷地を生かす

「038:VENTO」の近隣に位置した、交通量の多い駅前の通りに面する敷地。奥行きが43mあり、中間の最も狭いところで幅3mの細長いくびれ部分をもつ、超変形の敷地である。3つのゾーンに分け、構造は求められる条件に対し、それぞれ扁平ラーメン構造、壁式構造、薄肉ラーメン構造と異なった形式で対応し、エキスパンションをとっている。住戸の床面積は20㎡〜30㎡、40㎡、71㎡で、いずれも壁で区切らない連続した空間だが、面積上の余白を生み出すように断面の操作を行い、床面積に表れない機能とヴォリューム感を空間に与えている。

12戸/RC造/地上5階/15.4m/624.05㎡/20.6㎡〜71.2㎡

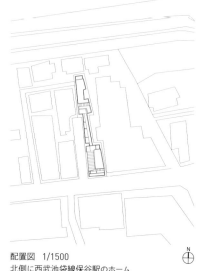

配置図　1/1500
北側に西武池袋線保谷駅のホーム

北棟1階Dタイプ。入口からリビング、寝室を見る。

配置図・1階平面図 1/600
1階の駅前通りに面した
部分はセットバックし、開放
通路としている。

2階平面図
中間棟は2階のみ
住戸

3階平面図
通路を経て北棟へ

4階平面図
ブリッジを渡り、
北棟メゾネット
住戸へ。

5階平面図
北棟、南棟とも
上部はロフト付き。

中間棟Fタイプ。2階の「Ⅳ ヴォイドのある1.5層」。

北棟5階Gタイプ。半層上って寝室、下はロフト。

053 IPSE新丸子

川崎市中原区丸子通　2006年

リビングから多摩川越しに東京を見渡す

多摩川沿いにあり、通行量の多い道路に囲まれた三角形状の敷地に建つ60戸の集合住宅である。同じタイプのユニットを並列させ、各階とも多摩川を眺められる北東向きに8戸、南向きに2戸を配する。2階〜6階および7階の一部に約24㎡の「Ⅳ ヴォイドのある1.5層」を50戸、7階の残り10戸を38㎡の「Ⅱ ヴォイドのあるメゾネット」として組み合わせている。外部廊下は2本が斜めに交わり、階高があるため、都市の街路を思わせる。室内からは多摩川や丘陵の森林越しに東京の中心部が見え、自然環境に囲まれながら、「東京」を実感することができる。

60戸/RC造/地上8階/30.9m/2365.47㎡/23.5㎡〜38.2㎡

北東側外観。各戸とも全面ガラス張り。

すっきりしたバルコニー。設備機器類は外廊下側にある。

居室の大きなピクチャーウィンドウ。1.8m幅のバルコニーはアウトドアリビングとして使える。

バルコニー側から見返す。立体的な空間の利用。

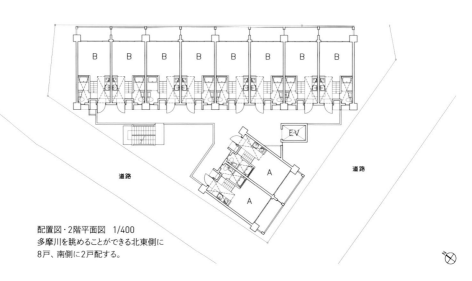

道路

道路　　　　　　　　　　　　　　　　　　　　　　　　　　道路

E・V

配置図・2階平面図　1/400
多摩川を眺めることができる北東側に
8戸、南側に2戸配する。

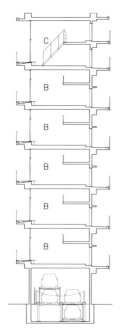

断面図　1/400
2階から6階までは「IV ヴォイドのある1.5層」、
7・8階は「II ヴォイドのあるメゾネット」。

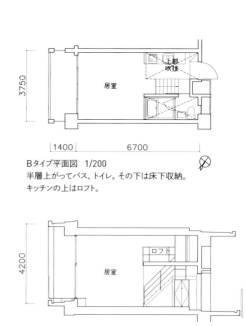

Bタイプ平面図　1/200
半層上がってバス、トイレ。その下は床下収納。
キッチンの上はロフト。

Bタイプ断面図　1/200
半層上がった階段からロフトは上りやすい

138

2.5層で上下2戸のプロトタイプを編み出す

渋谷の住宅地に建つ。「Ｖ 2.5層で2住戸」の組み合わせでつくった最初の計画である。1階・2階と3階・4階の組み合わせで、眺望に恵まれた高層の住戸とは違う空間の魅力を、厳しい条件の中で効率よく実現した。

30戸/RC造/地上8階/24.0m/1523.64㎡/23.9㎡
～52.9㎡

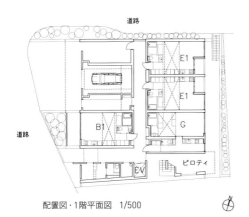

配置図・1階平面図　1/500

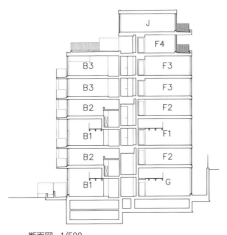

断面図　1/500
1階・2階と3階・4階の組み合わせで「Ｖ 2.5層で2住戸」

西側外観

B2タイプのリビングから入口、ロフト方向を見る。
専有面積すべてを空間として見渡せる。

E1タイプのリビングを見る。上部はロフト。

055 FLAMP

新宿区上落合　2007年

高層棟の階高3.75mを使い切る

山手通りと早稲田通りの交差点に建つ、高さ約50mのガラス・カーテンウォールによる楕円形平面の高層集合住宅。階高は3.75mで、集合住宅としては余裕があるとはいえ、事務所ビルと比較すれば低くてゆとりはなく、排気ダクトやスプリンクラーの配管は露出としている。この条件下で、35㎡～108㎡の93戸中、89戸を「Ⅳ ヴォイドのある1.5層」、13階・14階を「Ⅲ ヴォイドのあるスキップフロア」のメゾネット4戸としている。「Ⅳ ヴォイドのある1.5層」は居室の床レベルより半層上にある玄関からアクセスする。通路の片側には部屋越しに景色を望めるガラス張りのビューバスがあり、反対側にわずかな段差で上がりやすいロフトがある。半層下って1.5層のリビングがあり、ダイニングキッチンなどが連なっている。

93戸/RC造/地上14階・地下2階/49.8m/11103.12㎡/34.8㎡～107.9㎡

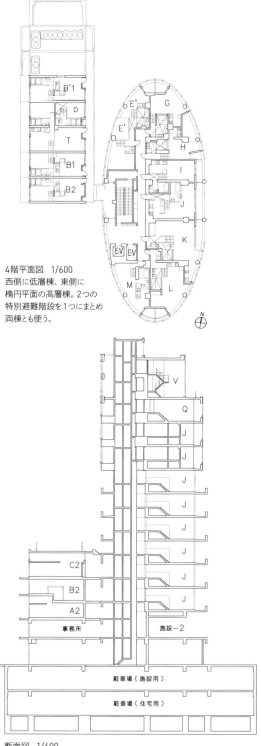

4階平面図　1/600
西側に低層棟、東側に楕円平面の高層棟。2つの特別避難階段を1つにまとめ両棟とも使う。

南東からの鳥瞰。山手通りと早稲田通りの交差点に建つ。

断面図　1/600
13・14階のみ「Ⅲ ヴォイドのあるスキップフロア」のメゾネット

南東面、ガラスのカーテンウォールを見上げる。

Qタイプ。寝室のレベルより半層上にある玄関からアクセス。

Sタイプ。玄関と同レベルのビューバスからリビング越しに景色が見える。

Fタイプ断面図 1/200
キッチンのあるヴォイド空間。居室の上がロフト。

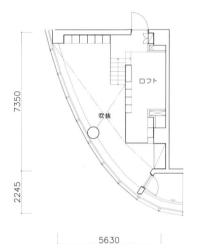

Fタイプ平面図（上部）
玄関から入って設備回り、半層上がってロフト、
半層下がって居室。

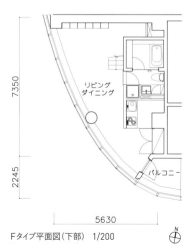

Fタイプ平面図（下部） 1/200
楕円周に沿って居室がつながる

Mタイプ。1.5層のリビングからヴォイド越しにロフトを見る。

Vタイプ。上階からリビング上のヴォイド越しに街を見下ろす。

公園に面して大型の「立体化ユニット」をつくる

練馬区の住宅街にある公園に面したファミリー向けの集合住宅である。間口6.10m、奥行き11.13mの平面に階高2.8mの1層の部分と階高4.05mの1.5層の部分を上下で組み合わせ、合計6.85mの中に約68㎡の住戸を2戸つくっている。「Ｖ2.5層で2住戸」の組み合わせである。1.5層の部分はリビング空間で1層のところを個室としたため、ここでは生活空間の領域（プライベートとパブリック）が上下の住戸で逆転した構成となっている。このような場合、音の伝搬が問題となるが、床のコンクリートの厚みを25cm以上として回避した。完全なフラットの下の住戸は南側がリビングルームで、公園に向かい大きな開口部をとっている。スキップフロアの上の住戸は北側がリビングルームで、中庭に向いた外廊下（ほかの1戸のみ使用）に面して大きなガラスブロックの開口部をつくった。

35戸/RC造/地上7階/22.1m/2648.9㎡/50.9㎡〜77.3㎡

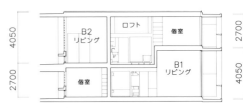

断面図　1/300
B1とB2の組み合わせ

B2タイプ平面図（ロフト階）
設備回りの上はロフト

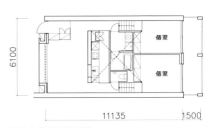

B2タイプ平面図（下階）
北側に1.5層のリビングと設備回り、0.5層上がって2個室。

北側からの鳥瞰

B1タイプ平面図　1/300
北側に2個室、南側に1.5層のリビング。

公園側の1.5層のリビング

外廊下側1.5層のリビング。入口方向を見る。

057 Court Modelia祐天寺

目黒区五本木 2007年

シースルー浴室で広がり感を増す

東急東横線の線路際にある住宅地に、中庭を介し南北に2棟が向き合って建つ。光が溢れ、開放感があるこの中庭を通ってすべての住戸にアプローチする。各住戸とも南北の開口部を大きくとり、自然光を取り入れ、風通しをよくしている。バスルームと寝室はガラスで仕切り、空間が広く感じられるようにした。地階は「IV ヴォイドのある1.5層」。2・3階は「V 2.5層で2住戸」の組み合わせ。2階の一部は「I ヴォイドのあるフラット」で、26戸中16戸が「立体化ユニット」である。

26戸/RC造/地上3階・地下1階/9.9m/952.65㎡/23.7㎡～58.1㎡

南側外観。大きな開口部。

断面図 1/400
2・3階は「V 2.5層で2住戸」、地階は「IV ヴォイドのある1.5層」。

3階Jタイプ。寝室からロフト、リビングを見る。

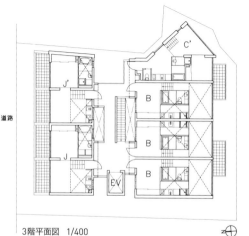

3階平面図 1/400
北棟、南棟とも中庭側の窓が開放可能

3階Lタイプ。寝室からロフト、バスルームを見る。

058 Abel

杉並区高井戸東 2007年

らせん階段を軸に異質の3住戸をめぐらす

集合住宅形式の個人住宅である。地階・1階に祖母と次男、2階に長男、3階に母親が住む。3戸ともに「V 2.5層で2住戸」の組み合わせで、中心にあるシリンダー状の階段でつながっている。それぞれにロフトがあり、天井高も1.5層と1層の組み合わせである。このプログラムは施主の要望であった。部分的に家族以外も許容できる新しいかたちの個人住宅ともいえる。「Abel」とはノルウェーの数学者Niels Henrik Abelに因む。

3戸/RC造/地上3階・地下1階/9.9m/322.49㎡/
94.4㎡〜98.9㎡

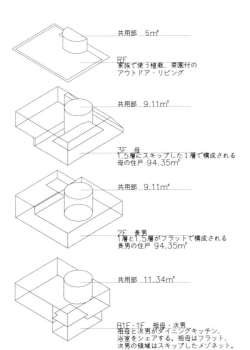

共用部　5㎡

RF
家族で使う植栽、菜園付の
アウトドア・リビング

共用部　9.11㎡

3F　母
1.5層にスキップした1層で構成される
母の住戸 94.35㎡

共用部　9.11㎡

2F　長男
1層と1.5層がフラットで構成される
長男の住戸 94.35㎡

共用部　11.34㎡

B1F・1F　祖母・次男
祖母と次男がダイニングキッチン、
浴室をシェアする。祖母はフラット、
次男の領域はスキップしたメゾネット。

3世帯の組み合わせ。屋上は共用の外部空間。

南側外観。各階の構成が浮かび上がる。

共用の入口からシリンダー状の階段室を見上げる

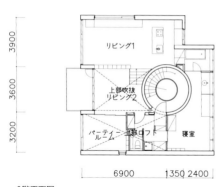

3階平面図
ロフトとヴォイドの組み合わせ

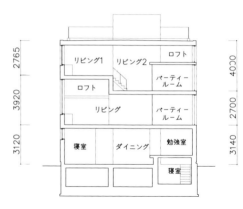

断面図 1/300
「V 2.5層で2住戸」の組み合わせ

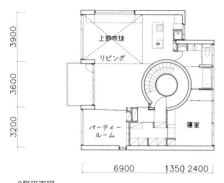

2階平面図
シリンダー状の壁を周回できるプラン。
キッチンの上がロフト。

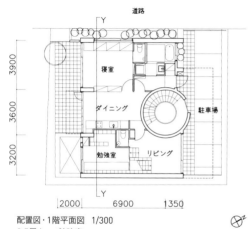

配置図・1階平面図 1/300
0.5層上って勉強室

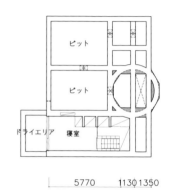

地下1階平面図
0.5層下がって寝室

148

3階ロフトよりリビング1を見る

2階リビングの吹抜けを見る

059 MAISON BLANCHE
荒川区西日暮里 2007年

多種のユニットを白い直方体へ昇華させる

住宅地に10m以下の高さで建てた白い箱の
集合住宅。外形はシンプルな直方体だが、異
なる5タイプ、計8戸の「立体化ユニット」
を内包した「VI 立体パズル」となっている。

8戸/RC造/地上4階/9.9m/485.36㎡/39.6㎡〜64.5㎡

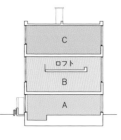

Y1 断面図

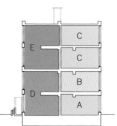

Y2 断面図

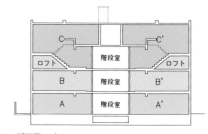

X 断面図 1/400

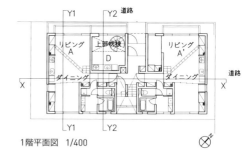

1階平面図 1/400

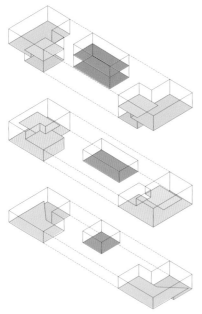

5タイプ、8戸の「VI 立体パズル」。

Aタイプ1階。60cm下がったリビング。

Bタイプ2階。リビングからヴォイド越しにロフトを見る。

150

「立体化ユニット」とバリアフリーを混在させる

新宿駅から徒歩数分の利便性の高い敷地である。2・3階が「V 2.5層で2住戸」の組み合わせによる8戸、4階〜6階はフラット6戸、7・8階は2世帯住宅のオーナー住宅の計15戸。障害者が住むオーナー宅と共用部分はバリアフリーを徹底した。第3回住まいのバリアフリーコンペティションで東京都不動産関連事業協会賞を受賞。

15戸/RC造/地上8階/24.1m/934.77㎡/21.5㎡
〜155.8㎡

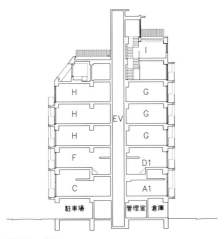

断面図 1/500

北東側外観

「V 2.5層で2住戸」の下階(2階)。
ヴォイドのある1.5層のフラット。

「V 2.5層で2住戸」の上階(3階)。
ヴォイドのある1.5層のスキップフロア。

061 モダ・ビエント杉並柿ノ木

杉並区上井草 2008年

「立体化ユニット」と入口先の中間領域で周辺の豊かな緑につなぐ

本書中で唯一の分譲集合住宅である。53㎡
〜111㎡のファミリー向けとして、戸建て
住宅で得られる自由度の高さと集合住宅の
メリットの両方を併せもたせようとした。
3つの特色がある。1つめは、樹齢百数十年
のけやきや、雑木林など周辺の緑が豊富な
ことで、良好な自然環境を敷地内部につな
げようとしたこと。2つめには、そこで得ら
れた環境を室内環境につなげるため、入口
回りに中間領域をつくったこと。プライバ
シーを確保しながら、通風などによる室内
気候の調節を行いやすくし、居住者同士の
意識上の開放感が生まれるようにしている。
中庭を中心とした配置方法もこれを支えて

いる。3つめには、今まで試してきた「立体
化ユニット」を43戸中38戸に散りばめたこ
とである。東京都「緑の大賞」に選ばれた。

43戸/RC造/地上6階・地下1階/19.7m/3860.38㎡/
52.7㎡〜110.9㎡

C2タイプ。入口前の中間領域。

西側外観。周辺に緑が溢れている。

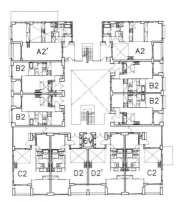

2階平面図
外部廊下からアルコーブを介して各戸入口に到る

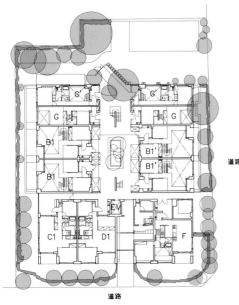

配置図・1階平面図　1/700
既存樹を保存または移動（移しかえ）した樹木

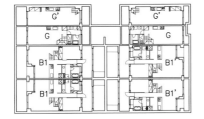

地下1階平面図
それぞれドライエリアを設ける

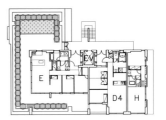

6階平面図　Eタイプは専用ルーフバルコニー付き

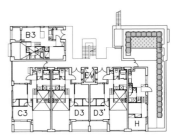

5階平面図　Hタイプは専用ルーフバルコニー付き

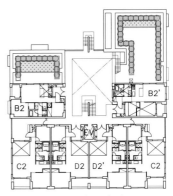

4階平面図　B2、B2'タイプは専用ルーフバルコニー付き

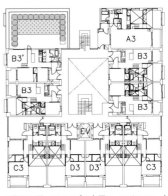

3階平面図　B3タイプは専用ルーフバルコニー付き

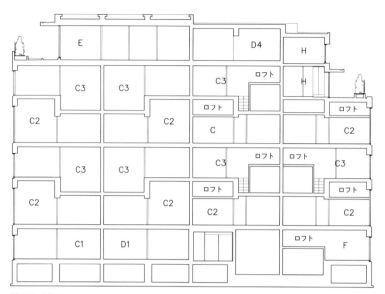

断面図　1/300
2階・3階と4階・5階は「V 2.5層で2住戸」、地階・1階は「II ヴォイドのあるメゾネット」。

C3タイプ住戸平面図

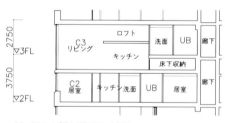

C2・C3タイプ住戸断面図　1/300

C3タイプ住戸平面図　1/300

B2タイプ。樹齢百数十年のけやきを眺めるテラス。

C3タイプ。リビングからヴォイド越しにロフトを見る。

062 Hi-ROOMS明大前B

杉並区和泉 2008年

4つの床レベルのあるメゾネットを並べる

京王井の頭線に面した細長い三角形の敷地に建つ3階建ての集合住宅。1階に道路から直接テラスにアクセスする長屋形式の「IV ヴォイドのある1.5層」7戸、2階には視線が区切られた片廊下からプライベートなテラスを通ってアクセスする2.5層のロフト付きメゾネット「III ヴォイドのあるスキップフロア」8戸（45.2㎡）。なおHi-ROOMS明大前Aは若松均氏設計による。

15戸/RC造/地上3階/9.2m/606.18㎡/22.5㎡～45.2㎡

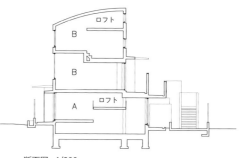

断面図 1/300
1階は「IV ヴォイドのある1.5層」、2階は2.5層のロフト付き「III ヴォイドのあるスキップフロア」のメゾネット。

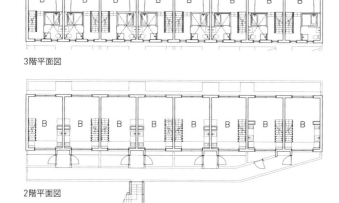

3階平面図

2階平面図

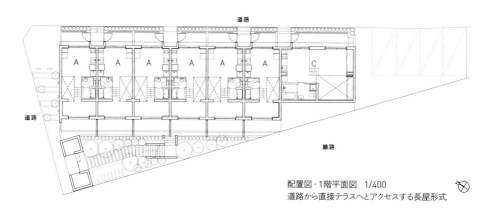

配置図・1階平面図 1/400
道路から直接テラスへとアクセスする長屋形式

井の頭線に面した南西側外観。通気用の小窓が等間隔に並ぶ。

線路の反対側、北東側の外観。大きな開口部。

063 IPSE中延

品川区中延 2008年

日影規制から特異なタワー形状を導く

国道1号線（第二京浜）に面した高さ47m、地上12階建て、82戸の集合住宅＋店舗である。［053:IPSE新丸子］で好評だった「IVヴォイドのある1.5層」ですべて構成され、23.2㎡〜36.84㎡の「立体化ユニット」を集積したタワーとなった。日影規制の条件によってキャンティレバーの形態が生まれた。ワンルームだが階高が3.90mあり、面積を超えた広さが感じられる。

82戸/RC造/地上12階/47.0m/3178.75㎡/23.2㎡〜36.8㎡

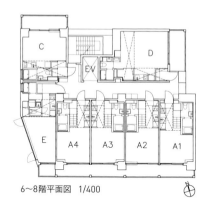

6〜8階平面図　1/400

北東側から見上げる

Aタイプ。踊り場からロフトを見る。

158

Aタイプ。リビングからロフトを見る。

064 マージュ西国分寺

国分寺市泉町 2008年

コモンスペースによる新しい暮らし方を提案する

JR西国分寺駅前広場にほど近い場所にある、小規模な独立住居の集合体であるコレクティブハウス。4階の眺望のよいテラス付きのコモンラウンジを中心に、19㎡から63㎡の9ユニットを上下の階に配している。1階には街に融合する店舗と規模は小さいがシェアスタイルのSOHOを設けている。4階のコモンラウンジはこれらの利用者によっても有効に活用され、お互いに十分なメリットを享受できる構成となっている。

9戸/RC造/地上6階・地下1階/19.8m/622.87㎡/19.2㎡〜63.3㎡

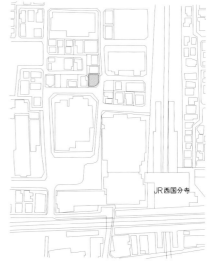

配置図　1/4000
周辺は駅前ロータリーと公共施設

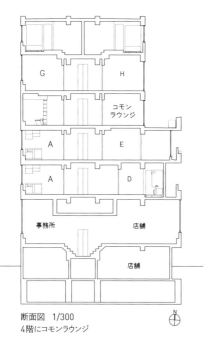

断面図　1/300
4階にコモンラウンジ

シェアスタイルのオフィス。ロフト付き3室。

160

北東側全景。1階は街に開かれたスキップフロアのカフェ、4階がコモンラウンジ。

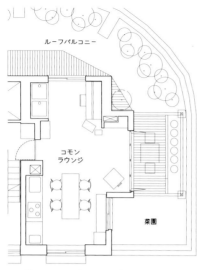

4階コモンラウンジ平面図　1/150
周囲にテラス、菜園、庭園。

2階平面図
シェアスタイルのAタイプとコンパクトなB、C、Dタイプ。

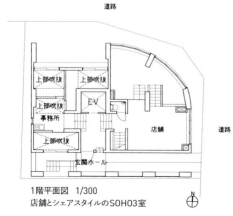

道路

1階平面図　1/300
店舗とシェアスタイルのSOHO3室

6階平面図

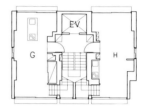

5階平面図

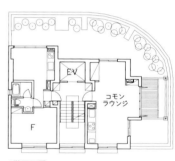

4階平面図
Fタイプとコモンラウンジ

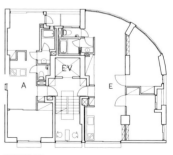

3階平面図

162

コモンラウンジ。ランドリーとピアノ、東にテラス。

コモンラウンジ。シンク2つがあるキッチンとテーブル。

道路で囲まれた変形敷地をD型平面で解決する

言問通りに面し、二又に分かれる交差点に取り残された扁平で多角形の超変形・狭小敷地。弓形平面の7階建ての集合住宅（11戸＋店舗）である。最上階はオーナー住戸で「Ⅳ ヴォイドある1.5層」となっている。

三方を道路に囲まれた平面を円弧と弦で構成し、その形状に因んで、Dと名付けられた。ファサードには36個の正方形の窓が等間隔に並ぶ。

11戸/RC造/地上7階/22.5m/650.96㎡/34.4㎡～81.1㎡

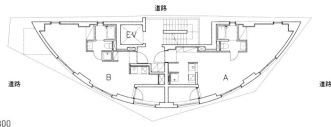

配置図・2階平面図　1/300
東西に言問通り、南は菊坂。各階2戸。

7階「Ⅳ ヴォイドのある1.5層」。リビングからキッチンを見る。

西側外観。弧をなす立面に等間隔に並ぶ正方形の窓。

066 SEPTET
横浜市神奈川区入江 2009年

ロフト付き2.5層長屋を並べる

木造住宅密集地域の間口が広く奥行きの短い敷地。ロフト付き「Ⅲ ヴォイドのあるスキップフロア」のメゾネットが7戸並ぶ、木造2階建ての長屋形式である。バイクを置くために入口を広くとり土間仕上げにしている。「SEPTET」とは7重奏。

7戸/木造/地上2階/7.7m/311.16㎡/39.3㎡〜44.7㎡

北東側外観。通り沿いに7戸並ぶ。

寝室から設備回り上のロフトを見る

1階入口。バイクを置くために土間仕上げ。

067 SKIPS
横浜市神奈川区子安通 2009年

ロフト付き2.5層長屋を極小化する

近くにある［014:DETACHED］と同様のセミ・デタッチド・ハウス形式の木造2階建て。［066:SEPTET］と同じロフト付き「Ⅲ ヴォイドのあるスキップフロア」のメゾネット。「SKIP」とは飛び跳ねるようなフロアの構成という意味。

2戸/木造/地上2階/7.6m/68.84㎡/33.4㎡

断面図 1/200
1階の土間よりスキップして上る

ロフトより寝室を見る

068 LADEIRA

横浜市大口通 2009年

ロフト付き1LDKメゾネットをミニマムにする

高台に建ち、2.5層のロフト付き「Ⅲ ヴォイ
ドのあるスキップフロア」のメゾネットが
4戸並ぶ長屋形式の木造2階建て。ユニット
は30㎡とコンパクトで、ロフト付き1LDK
のミニマム版。「LADEIRA」とはポルトガ
ル語で「高台」の意。

4戸/木造/地上2階/6.5m/123.64㎡/30.9㎡

断面図 1/200

南側外観。高台にあり、海への眺めがよい。

寝室からロフトを見る

リビングからキッチンを見る

069 シュロス武蔵新城
川崎市中原区新城 2009年

1.5層フラットの間口を広げる

南武線武蔵新城駅近くに建つ集合住宅。間口5.15m、奥行き4.91m、階高3.87mのシンプルな箱のユニットを並べている。専有面積24㎡〜26㎡の「IV ヴォイドのある1.5層」で、間口の広いプロトタイプ。天井高3.5mの空間を平面上、縦長にとったタイプ、横長にとったタイプがある。

42戸/RC造/地上8階/30.9m/1596.38㎡/24.3㎡〜26.0㎡

070 HAYACHINE
大田区萩中 2009年

賃貸+オーナー住戸のユニットを混合する

羽田空港に近いため近年賃貸住宅の需要が高まっている地域。近くに古い大型商店街がある住宅地で、三方道路の敷地である。1階〜3階は「V 2.5層で2住戸」の組み合わせで11戸すべてが「立体化ユニット」。2階と4階にオーナー住戸がある。

11戸/RC造/地上4階/13.0m/611.95㎡/31.8㎡〜131.8㎡

東側外観。JR南武線の高架の脇に建つ。

リビングからロフトを見る

南側外観

1階A1タイプ。リビング。
上部はあらわし根太によるロフト。

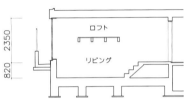

A1タイプ断面図　1/200
設備回りはグランドレベルに。リビングを掘り
下げてヴォイドとロフトをつくっている。

A1タイプ平面図　1/200
ダイニングからロフトに上る

4階のオーナー住戸のリビング

071 Modelia Brut 都立大

目黒区中根　2010年

旗竿状敷地に棟割り長屋を重ねる

東急東横線の線路際の住宅地にある旗竿状の敷地。18の住戸を背中合わせに配置し、両面からアクセスするいわゆる棟割り長屋で、高さ10 m以下に2層重ねた究極の立体型長屋である。地階・1階にロフト付き「II ヴォイドのあるメゾネット」、グランドレベルに入口があり、2・3階にロフト付き「III ヴォイドのあるスキップフロア」のメゾネット。開口部が1面しかとれない厳しい条件だが、縦方向に空間を伸ばすことで、十分な採光、通気を確保し、かつ高い天井＋ロフトを加えた。

18戸/RC造/地上3階・地下1階/9.9m/620.35㎡/24.1㎡〜43.3㎡

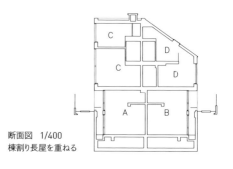

断面図　1/400
棟割り長屋を重ねる

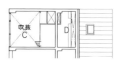

3階ロフト平面図
寝室とつながる

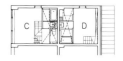

3階平面図
設備回りから0.5層
上って寝室に

2階平面図
開口部側にヴォイド

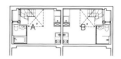

地下1階平面図
極小のドライエリア
から通気・採光

南側外観。ほとんどがガラスの開口部。

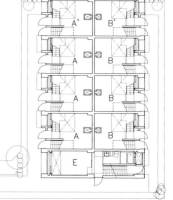

配置図・1階平面図　1/400
旗竿状敷地に外周から
回り込んでアクセスする

Cタイプ。2・3階メゾネットの1.5層のリビング。

Aタイプ。地階・1階メゾネット。地下を見下ろす。

Aタイプ。地階・1階メゾネット。地下から見上げる。

半層ごとの踊り場からバルコニーにアクセスする

杉並区の住宅地に建つ。[022:STEP] と同じバルコニー・アクセスで、階段室型の3階建てだが、ここでは階段の向きを縦から横にし、道路側と裏側で半層ずつずらしている。1階と3階に吹抜けとロフトのある「立体化ユニット」の住戸が3戸ある。

6戸/RC造/地上3階・地下1階/9.3m/243.22㎡/
31.2〜44.7㎡

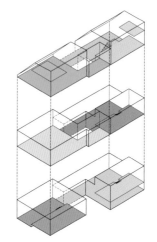

バルコニーと住戸の立体構成

A2タイプ。バルコニーからアクセスする。

3階平面図

2階平面図

B1タイプ。リビングからダイニングキッチンを見る。

配置図・1階平面図　1/300

PREMIUM CUBE元代々木

渋谷区元代々木 2011年

南側に片廊下を配する

交通量が比較的多い北側道路に対して、南側隣地はセットバックが想定されたため、建物をできるだけ南側に寄せ、日照・通風を効率的に確保できる片廊下方式を採用した。1階〜4階はフラットだが、5階以上は「Ⅳ ヴォイドのある1.5層」7戸、「Ⅱ ヴォイドのあるメゾネット」3戸、「Ⅲ ヴォイドのあるスキップフロア」1戸の組み合わせ。

41戸/RC造/地上7階/19.9m/1469.10㎡/27.3㎡〜44.99㎡

北東側外観。新宿方面への景色を望める。

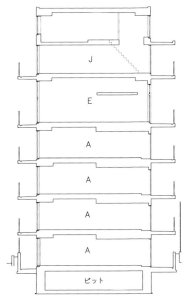

断面図 1/300
南側に片廊下。5階以上は「立体化ユニット」で日当たりがよい。

南側の日当たりのよい共用廊下（5階）

074 STELLA CINQ
葛飾区西新小岩 2011年

リズミカルなバルコニーが内部構成を映す

[048:TEDDY'S COURT] の近くに立地する、ヴォイド空間の半分をロフトとして利用した「I ヴォイドのあるフラット」の集合住宅。ヴォイド空間を1.5層にとどめることで、隣戸の吹抜け部分が低くなり、空いた上部スペースをロフトとして活用した。その内部構成をバルコニーの奥行きでリズミカルに表現し、外観に変化を与えた。躯体費や外装費を抑えながら「立体化ユニット」をつくった。

25戸/RC造/地上5階/16.2m/1593.60㎡/47.4㎡～66.1㎡

南東側からの外観

南側の見上げ

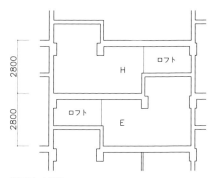

断面図 1/200

Hタイプ 平面図
北側に2寝室。南側にリビング、ダイニングキッチン+ロフト。

Eタイプ 平面図 1/200
Hタイプとは線対称となる

075 HUTCH

杉並区阿佐谷南 2011年

折れ曲がる路地を奥深く伸ばす

[072:ALVA]の近くにあり、同じオーナーである。交通量の多い道路に面した、間口が狭く奥行きが深い敷地。道路に面したガラス張りのコモンスペースは、オーナー所有の他の集合住宅の居住者も24時間利用でき、ランドリーとライブラリー機能を合わせ持つ共用空間となる。空間を立体利用した塒（ねぐら）のような住戸はすべて「IV ヴォイドのある1.5層」である。2m幅の路地が折れ曲がりながら、50m奥にある裏側の道路まで通り抜けることができる。

21戸/RC造/地上2階/7.0m/609.79㎡/24.9㎡〜30.2㎡

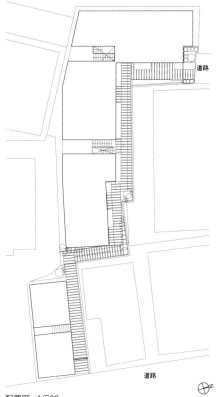

配置図 1/500
東側道路から折れ曲がって北側道路に通り抜ける路地

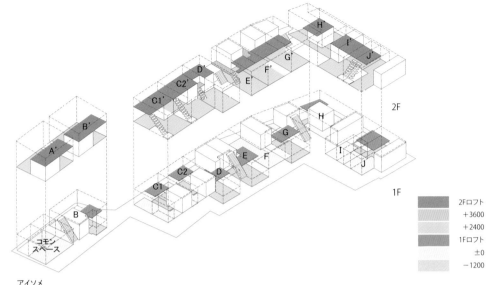

	2Fロフト
	+3600
	+2400
	1Fロフト
	±0
	−1200

アイソメ
21戸の住戸の構成を示す

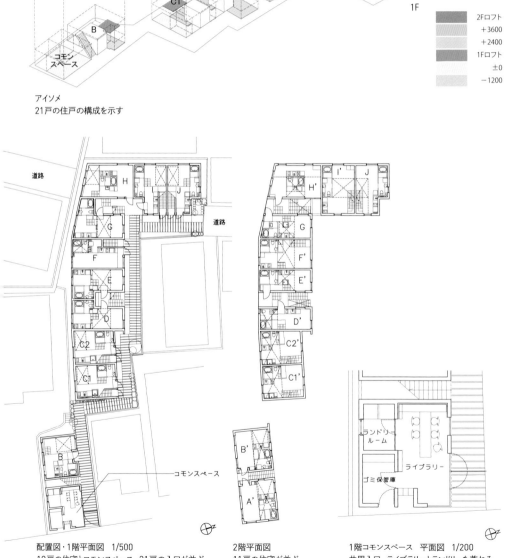

配置図・1階平面図　1/500
10戸の住宅とコモンスペース。21戸の入口が並ぶ。

2階平面図
11戸の住宅が並ぶ

1階コモンスペース　平面図　1/200
共用入口。ライブラリーとランドリーを兼ねる。

東側道路から共用入口となるコモンスペースを見る

路地の先にあるHタイプ、Iタイプの入口付近。

東側から路地を見る。3回クランクして北側道路に抜ける。

D'タイプ。リビングからキッチン、ロフトを見る。

C'タイプ。リビングからロフトを見る。

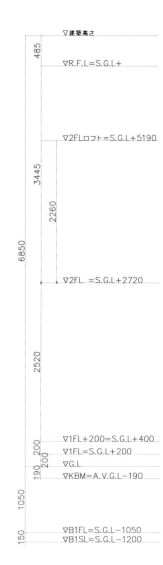

▽建築高さ

485

▽R.F.L＝S.G.L＋

▽2FLロフト＝S.G.L＋5190

3445

2260

▽2FL ＝S.G.L＋2720

6850

2520

▽1FL＋200＝S.G.L＋400
▽1FL＝S.G.L＋200
▽G.L
▽KBM＝A.V.G.L−190

200
200
190

1050

▽B1FL＝S.G.L−1050
▽B1SL＝S.G.L−1200

150

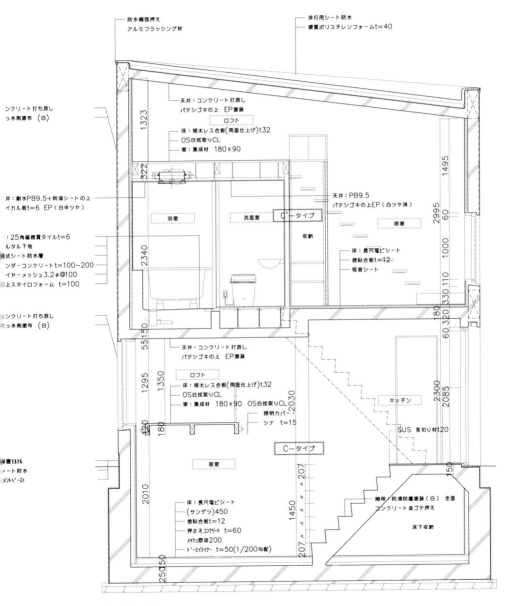

防水端部押え
アルミフラッシング材

歩行用シート防水
硬質ポリスチレンフォームt=40

ンクリート打ち放し
っ水剤塗布（白）

天井：コンクリート打ち放し
パテシゴキの上　EP塗装

ロフト

床：根太レス合板(両面仕上げ)t32
OS白拭取りCL
梁：集成材　180×90

1323

3322

井：耐水PB9.5＋防湿シートの上
イカル板t=6　EP（白半ツヤ）

浴室

洗面室

C'ータイプ

天井：PB9.5
パテシゴキの上EP（白ツヤ消）

収納

居室

：25角磁器質タイルt=6
ルタル下地
式シート防水層
ンダーコンクリートt=100～200
イヤーメッシュ3.2φ@100
上スタイロフォーム　t=100

2340

床：長尺塩ビシート
捨貼合板t=12
吸音シート

1495

2995

1000

330 110

180

60 320

ンクリート打ち放し
っ水剤塗布（白）

55 150

天井：コンクリート打ち放し
パテシゴキの上　EP塗装

ロフト

1295

1350

床：根太レス合板(両面仕上げ)t32
OS白拭取りCL
梁：集成材　180×90　OS白拭取りCL

2030

照明カバー：
シナ　t=15

キッチン

2300

2085

SUS　見切り材t20

150

腰モルタル
ート防水
メントペースト

居室

120

180

2010

床：長尺塩ビシート
（サンゲツ）450
捨貼合板t=12
押さえコンクリート　t=60
メッシュ筋@200
ドレンライナー　t=50(1/200勾配)

207

1450

207

207

207

階段：防滑防塵塗装（白）全面
コンクリート金ゴテ押え

床下収納

25 250

矩計図　1/60
1階は0.5層下がってリビング、ヴォイドと上りやすいロフト。
2階は1階から1層分上ったところにリビング。設備回りの上はロフト。

1.5層ユニットのフロンテージを広げる

清洲橋通りに面した小区画の敷地。12戸すべて階高4.1mの「IV ヴォイドのある1.5層」。配置（タテ・ヨコ）と機能（寝室がオープンか否か）の組み合わせで4つのタイプがある。立体化ユニットIVは24㎡や30㎡などいろいろ試みてきたが、ここでは約35～36㎡と広く、1.5層の効果が一段と大きく感じられる。1階にカフェ。グッドデザイン賞ベスト100に選ばれた。黄檗宗の寺の敷地であり、宗派の創始者の隠元僧正に因んで「インゲン」と名付けられた。

12戸/RC造/地上7階/29.3m/649.24㎡/
34.5㎡～36.0㎡

Aタイプのリビング

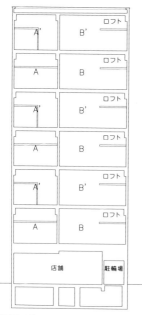

断面図　1/400
シンプルな構成。寝室を区切れるタイプと
オープンなタイプが階ごとに変わる。

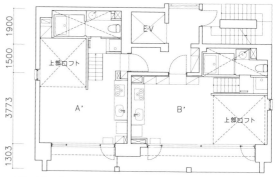

3階・5階・7階平面図
寝室を区切ることもできるタイプ。0.5層上って設備回り、
さらに0.5層上がってロフト。

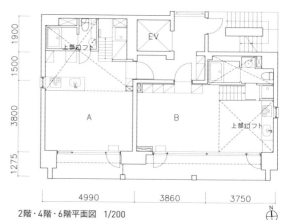

2階・4階・6階平面図　1/200
寝室がオープンなタイプ。0.5層上ってランドリー、
さらに0.5層上がってロフト。

Aタイプ。リビングからキッチン、ロフトを見る。

B'タイプのリビング、ロフト。奥は家具などで区切れる。

南側外観。バルコニーのガラスの種類、高さに変化を与える。

077 Modelia Brut表参道
渋谷区神宮前 2012年

住宅地に地下2階の住戸をつくる

表参道のL字型の敷地に4つの階段が屋上でつながっている構成。地下2階、地下1階（道路の高低差を利用し地上に姿を現す）はSOHOとロフトやヴォイドなど、高さに変化のある空間。1階、2階は設備を極小に抑えたコンパクトなワンルーム。3階は屋上の専用庭に専用の階段で行くことができるプレミアムな住戸である。さまざまなタイプを組み込んだ都市型集合住宅。

30戸/RC造/地上3階・地下2階/9.6m/998.43㎡/
21.1㎡〜44.9㎡

2階で回遊路として結合する階段を見下ろす

断面図 1/300
5つの棟が4つの階段で接合している。屋上には共用庭。

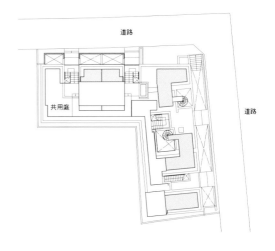

配置図 1/500
屋上には専用庭と共用庭が分けて設けられている

北東側外観

3階住戸のリビングから専用庭のある屋上に上る中庭テラスを見る

地下1階・地下2階の2.5層のメゾネット。踊り場より中間にあるロフトを見る。

078 T-FLATS

江戸川区西葛西 2012年

高床免震の床下を居住空間に使う

駅周辺の市街地から住宅地へと変わる場所に建っている。本書100事例中で唯一の免震構造（高床免震）。1階は免震ピットの中に床を吊り下げ、通常では利用できない床下を利用して1.5層としている。4階に「Ⅳ ヴォイドのある1.5層」が2戸。

16戸/RC造/地上5階/16.2m/1290.85㎡/52.7㎡〜76.0㎡

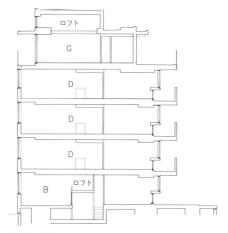

断面図　1/300
免震ピットの中に床を吊り下げ、床下を利用して
1.5層としている。

Bタイプ。リビングからロフトを見る。

079 APARTMENT O₂ EAST

中野区中野 2013年

既存の棟と中庭を介してつなぐ

［017:APARTMENT O₂］の隣地にアネックスとして建てられた。幅員が広い道路に面していたため6階建てとなった。［017］のオーナー住居には子世帯が住み、［079］には親世帯のオーナー住居として「Ⅱ ヴォイドのあるメゾネット」がある。両棟は5階がつながり、親子世帯は交互に行き来できる。1階は地中梁部分を利用して「Ⅳ ヴォイドのある1.5層」が2戸ある。

9戸/RC造/地上6階/16.3m/418.52㎡/23.8㎡〜108.9㎡

南側外観。手前中央に［017:APARTMENT O₂］。
その右後方が［079:APARTMENT O₂ EAST］。

西側外観。［017］の中庭から見る。

東側外観。道路に面する。

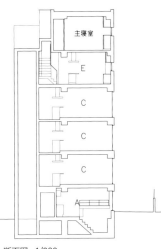

断面図 1/300
1階に地中梁部分を利用した
「Ⅳ ヴォイドのある1.5層」

080 ulula

中野区新井 2013年

既存の道路を残して半公共空間とする

中野の木造住宅密集地。道路が敷地内に入
り込んだ状態の計画地に建てた集合住宅で
ある。このような場合、道路を廃道にして
敷地面積を増やして計画することが多いが、
そうなると区の規定により開発行為となり、
手続きに多大の時間を労することになるた
め、そのままの状態で計画した。結果とし
て、周辺地域の迷路のように入り組んだ路
地が敷地の奥まで食い込み、セミパブリッ
クな空間が生まれた。「Ⅱ ヴォイドのある
メゾネット」5戸、「Ⅲ ヴォイドのあるス
キップフロア」8戸、「Ⅴ 2.5層で2住戸」10
戸の組み合わせで、52戸中23戸が「立体化
ユニット」である。

52戸/RC造/地上4階・地下1階/13.3m/1991.53㎡/
21.3㎡〜114.6㎡

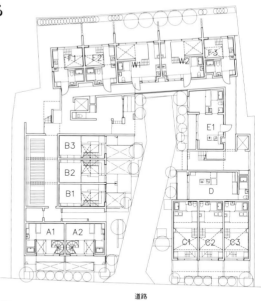

配置図・1階平面図　1/500

B3タイプ。ヴォイドのあるメゾネット。地階から見上げる。

B3タイプ。地階を見下ろす。

190

奥まで食い込んだ路地が中庭のような空間となっている

081 シャモッツ・ウィラ

目黒区大岡山 2014年

平断面を異にする6戸の立体パズルを解く

閑静な住宅地に建つ3階建ての集合住宅。一軒家が建っていた142㎡の敷地に階段室を中心に半層ずつ上って6戸にアクセスする。フラット1戸、「Ⅱ ヴォイドのあるメゾネット」3戸、「Ⅲ ヴォイドのあるスキップフロ

ア」と「Ⅳ ヴォイドのある1.5層」を1戸ずつ組み合わせ、コンパクトに混合させた「Ⅵ 立体パズル」。

6戸/RC造/地上3階/9.4m/247.01㎡/22.8㎡〜46.2㎡

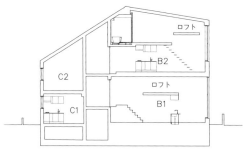

断面図 1/300

3階平面図
階段室に1戸、B2はメゾネット上階。

2階平面図
階段室に3戸配置

C2タイプ。2階リビングから寝室に上る階段を見る。

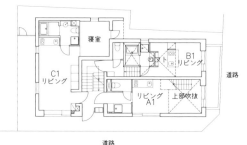

配置図・1階平面図 1/300
住宅地の角地に建つ

082 Modelia Brut南品川

品川区南品川 2014年

ファサードに伝統的なデザイン・コードを取り入れる

旧東海道に面して建つ18戸の集合住宅。日影規制によって生まれた斜屋根と半地下を利用し、「立体化ユニット」は18戸中7戸。景観規制があるため、黒壁に木の連格子や和紙をはさんだガラスといった日本の伝統

的なデザイン・コードを取り入れた。

18戸/RC造/地上4階・地下1階/14.0m/617.85㎡/22.7㎡～32.33㎡

地階。1.5層のスキップフロア。

西側外観。旧東海道に面する。黒壁に木の連格子、和紙をはさんだガラス。

斜屋根のリビングからロフトを見上げる

ATRIA

練馬区西大泉 2014年

コモンテラスから住戸内の土間へと連続させる

練馬区の生産緑地内に位置し、敷地の周り
は畑である。「ATRIA」とは ATRIUM（中
庭）の複数形である。6棟からなり、階段を
共用する4つのサブグループに分けられる。
階段ごとのサブグループは1階3戸、2階3
戸の計6戸で構成されていて、それぞれ中
庭に面した共有の外部空間（コモンテラス）
がある。そこからセミプライベートなテラ
ス、さらに住戸の土間につながる。1階は
約30㎡台の「Ⅳ ヴォイドのある1.5層」が
11戸、2・3階は40㎡台の2.5層のロフト付
き「Ⅲ ヴォイドのあるスキップフロア」の
メゾネットが12戸あり、サブグループごと
に住戸を重層させている。生活行為が中か
ら滲み出して、隣接住戸と結びつき、全体
につながる。

23戸/RC造/地上3階/9.9m/959.58㎡/29.5㎡〜48.9㎡

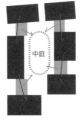

4つのコモンテラスが
中庭に面する

サブグループの3住戸

西側2階コモンテラスから中庭を見る

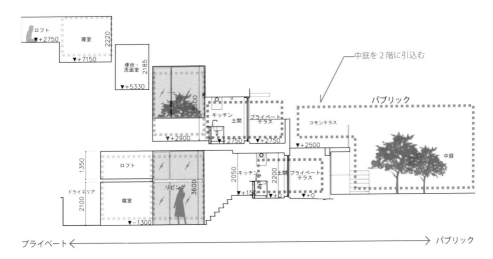

ロフト
▼+2750

寝室
▼+7150
2220

便所・
洗面室
▼+5330
2185

3600

キッチン
土間
▼+2900

プライベート
テラス
▼+2750

中庭を2階に引込む

パブリック

コモンテラス
▼+2500

中庭

1350

ロフト

2100

ドライエリア

寝室
▼-1300

リビング
3600

2050

キッチン
▼+150

2200

土間

プライベート
テラス
▼+0

アプローチ

プライベート ←　　　　　　　　　　　　　　　　　　　　　　　　→ パブリック

レベルの構成
中庭から1層上がったところにコモンテラス、区切りがあり、1段上がったところにプライベートテラス、
そこから段差なしに住宅内部の土間に続く。

東から中庭を見る

C2タイプ。ヴォイドのあるメゾネットのリビング。右にプライベートテラス。

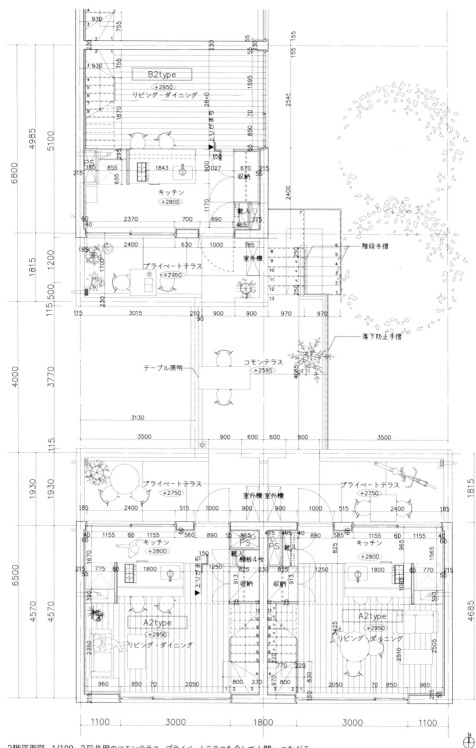

B2type
(+2950)
リビング・ダイニング

キッチン
(+2800)

収納

靴入

PS

プライベートテラス
(+2750)

室外機

階段手摺

落下防止手摺

テーブル照明

コモンテラス
(+2595)

プライベートテラス
(+2750)

室外機 室外機

プライベートテラス
(+2750)

キッチン
(+2800)

PS 靴入

棚板4枚

収納 収納

靴入 PS

キッチン
(+2800)

A2type
(+2950)
リビング・ダイニング

A2type
(+2950)
リビング・ダイニング

2階平面図　1/100　3戸共用のコモンテラス。プライベートテラスを介して土間へつながる。

198

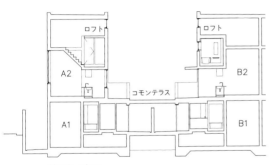

断面図 1/300
「Ⅳ ヴォイドのある1.5層」と「Ⅲ ヴォイドのある
スキップフロア」の組み合わせ

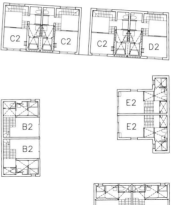

3階平面図
寝室が中庭に向かい合う

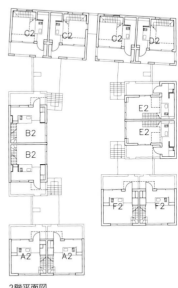

2階平面図
プライベートテラスがコモンテラスを介して
中庭に向かい合う

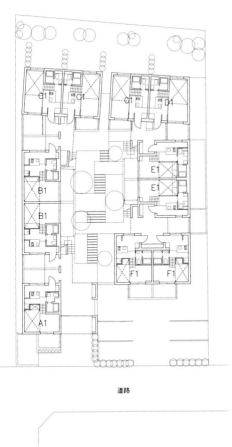

道路

配置図・1階平面図 1/500
6棟が中庭を囲む

084 SVELTO

中央区日本橋久松町 2014年

37坪の敷地にガラスのタワーを建てる

中央区の歴史ある小学校の裏にあり、地域
計画で周辺に高層ビルが建ち並ぶようにな
った121㎡の狭小敷地に建つ高さ35.85ｍ、
11階建ての塔状集合住宅。狭い間口だが、
日当たりのよい条件を生かすため、ファサー
ドをガラスの被膜で覆った。2・3階、4・5
階、6・7階は「V 2.5層で2住戸」を組み合
わせた。8・9階は「Ⅱ ヴォイドのあるメゾ
ネット」が2戸、10階、11階は63㎡のフ
ラットが2戸ある。フラットは建具や家具
を移動させることで、ワンルームから2LDK
まで変化可能なプランとなっている。

16戸/RC造/地上11階/35.8m/792.17㎡/32.9㎡〜63.8㎡

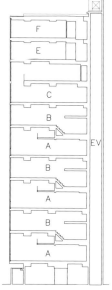

9階平面図

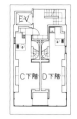

断面図　1/500
下から「V 2.5層で2住戸」3つ、
「Ⅱ ヴォイドのあるメゾネット」、フラット2つ。

8階平面図　1/500

8・9階メゾネットの階段。階段は重要なインテリアのエレメント。

南東側外観。タワーをガラスの被膜で覆った。

085 ZOOM AZABUJUBAN

港区三田 2014年

深い奥行きを利して機能性を高める

再開発によって生まれた2棟の高層ビルの広い公開空地が道路をはさんで南側にある。この好条件を生かし、44戸すべて「IV ヴォイドのある1.5層」としている。柱はアウトフレーム、梁は逆梁とし、天井いっぱいの3.63mの高さまで開口部をとっている。そのため部屋の奥まで日差しが入るユニットは間口が芯々2.75m、有効2.5mという限界寸法だが、その分奥行きが9m以上の細長い空間が生まれ、場が分節されやすくなったことから、設備空間の配置とキッチンの形式の違いで3つのプロトタイプをつくっている。その結果、通常の25㎡台の居住空間では得られない広さ、機能性、空間性が得られている。最上階は3戸にペントハウスを設け、屋上とリビングルームをつなげ

ている。北側の外廊下は東京タワーが近くに見え、幅が広く、階高があるため、眺めのよい立体街路の趣である。

44戸/RC造/地上9階/38.7m/1636.17㎡/25.98㎡〜51.97㎡

A2タイプ断面図　1/300　ロフトを許容面積限界までとる

A2タイプ平面図　1/300　一般的なタイプ

リビングからキッチンを見る

ロフトからリビングを見下ろす

リニアな全長を5つに分節する

サーフィンのできる海岸がそばにある奥行きの長い敷地。病院の研修医のための木造2階建ての集合住宅である。病院は鴨川という外房の小都市にあるが、日本でも有数の私立総合病院で全国各地や海外からも患者が集まってくる。街に賑わいをつくりたいという病院の要請で道路に面した1階を飲食店舗としている。小さな5棟に分け、4つの直階段では半層上がったところに2戸、もう半層上ったところに2戸接続し、「V2.5層で2住戸」を組み合わせている。南側に路地空間を延長したリニアなコモン・アウトドアスペースがある。

14戸/木造/地上2階/7.9m/355.41㎡/20.0㎡

Cタイプ ホール。外廊下越しに東京タワーが見える。

10階メゾネットのらせん階段

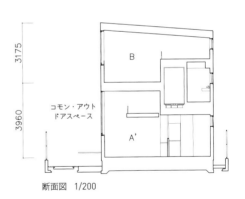

断面図 1/200

北東側から望む。5棟が階段をはさみリニアに連結する。

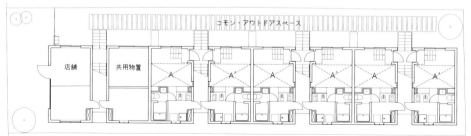

配置図・1階平面図　1/300
南側に通路を配し、店舗、物置、6住戸が連なる。

南側から階段を見上げる。空に向かって上って行く。

西側よりコモン・アウトドアスペースを見通す。光るテーブルが外部照明を兼ねる。
50mほど先に海。

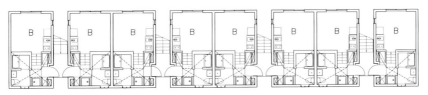

2階平面図
4つの階段をはさみ5棟8戸が連なる

087 ZOOM MEGURO

目黒区下目黒 2015年

大通り沿いにスリムなタワーを建てる

山手通り沿いに聳え立つランドマーク的な
タワー状集合住宅。裏側からは目黒の閑静
な住宅街や林試の森公園が見渡せる。全32
戸中、3階から6階と12階の15戸が「Ⅳ ヴォ
イドのある1.5層」である。全戸、対面式の
オープンキッチンとし、ダイニングキッチ
ンと通路がリビング空間に併合されて広く
感じる。1階にパブリックスペースがない
ため2階に共用のミーティングルームをつ
くり、光るテーブルを設置。住戸単位では
得られない機能を共有することになった。

32戸/RC造/地上13階/45.4m/1203.03㎡/
25.7㎡～57.2㎡

道路

配置図・1階平面図　1/300
避難通路確保のため極小の
共用入口となる

2階平面図
共用のミーティングルームをとる

北東側外観

1.5層のリビングからバルコニーを見る

1.5層のリビングからキッチン、ロフトを見る。

日影規制で切り取られた空間を利用する

甲州街道と旧甲州街道を結ぶ交通量の多い
バス通りに面した集合住宅＋店舗である。日
影規制により平面、断面とも斜めに切り取
られたヴォリュームをロフトや吹抜けに利

用して、4戸の「立体化ユニット」をつくっ
た。キッチンはすべて対面式で、ダイニン
グバーのような雰囲気とした。

19戸/RC造/地上6階/17.7m/1086.94㎡/26.1㎡～54.7㎡

南西側から望む。斜屋根の部分を「立体化ユニット」として活用。

吹抜けのあるメゾネット。上階から見下ろす。

共用エントランスホール。ミラーで
リニアな空間を増幅する。

089 TRIA

練馬区石神井町 2015年

1.5層のユニットを3つ重ねる

西武池袋線の石神井公園駅近くにあるRC
造アパートの建て替え。高さ10m以内に3
つの「立体化ユニット」を積み重ねている。2
階・3階は「V 2.5層で2住戸」を組み合わせ
たユニットである。両端の住戸は床面積が
広く、3面採光でもあり、中央部の住戸に比
して開放感が高い。「TRIA」はラテン語で3。

18戸/RC造/地上3階/9.7m/575.43㎡/25.8㎡〜42.2㎡

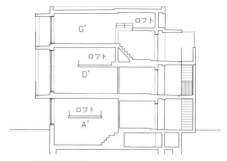

断面図 1/300
1.5層のユニットを3つ重ねる

開放感が高い1階の角部屋、1.5層のスキップフロア。

090 La Vue

目黒区柿の木坂　2015年

木造住戸に大開口部を設ける

目黒区の閑静な住宅地に建つ木造住宅の建
て替え。1階がオーナー用、2階が賃貸用の
ユニット。内部空間はいずれも「Ⅳ ヴォイ
ドのある1.5層」。

2戸/木造/地上2階/8.5m/100.62㎡/35.0㎡～65.6㎡

Bタイプ　平面図　1/300
0.5層上って設備回り、さらに0.5層上がって2つのロフト。

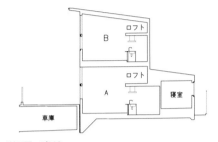

断面図　1/300
1階、2階とも1.5層のリビングにロフトがつながる。

2階リビングからロフトを見る

091 PASEO EAST

世田谷区北烏山 2015年

木造長屋の雁行が路地空間を生む

古いアパートの建て替えで、木造2階建て、上下すべてのユニットの入口が真ん中の路地にじかにつながる長屋形式である。ユニットはわずかにずれながら連なって自然発生的な集落を思わせ、周辺街区に新しい集合の姿を提示することになった。2階建てだが「Ⅴ 2.5層で2住戸」の組み合わせである。2階の住居も1階に入口がある重層長屋となっている。

38戸/木造/地上2階/8.4m/971.71㎡/20.8㎡〜30.4㎡

PASEO EAST　Cタイプ・Dタイプ　断面図　1/300
「Ⅴ 2.5層で2住戸」の組み合わせ

PASEO EAST。南側から路地を望む。

092 PASEO WEST

世田谷区北烏山 2016年

路地を囲んで木造ユニットを配する

[091] の隣地に建つ木造2階建ての長屋形式。8戸すべてが内側の路地に開き、小さな集落のような様相を呈している。内部空間は「Ⅲ ヴォイドのあるスキップフロア」のメゾネット（ロフト付き）。

8戸/木造/地上2階/7.3m/323.51㎡/36.4㎡〜40.7㎡

PASEO WEST　断面図　1/300
「Ⅲ ヴォイドのあるスキップフロア」のメゾネット（ロフト付き）

PASEO WEST。南側から路地を望む。

配置図・1階平面図　1/400
PASEO EASTとPASEO WESTが並ぶ

PASEO EAST平面図　1/250

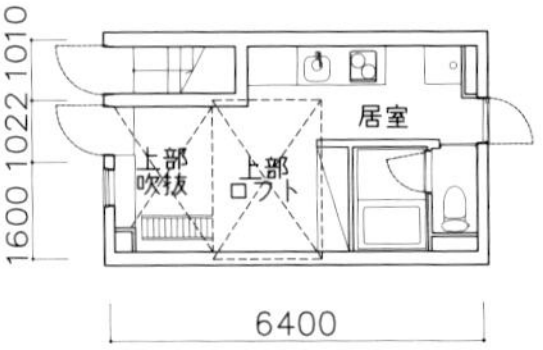

Aタイプ

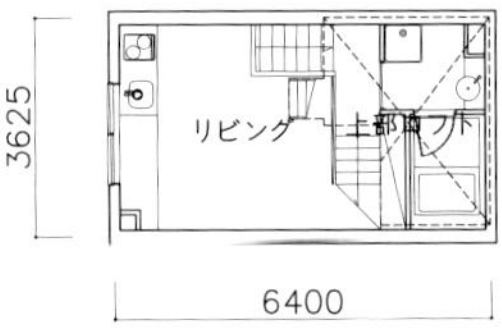

Bタイプ（Aタイプの上階）

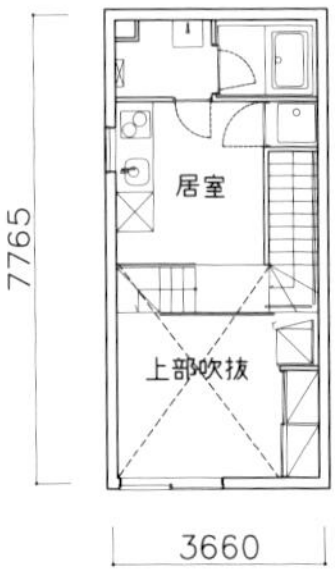

Dタイプ（Cタイプの上階）

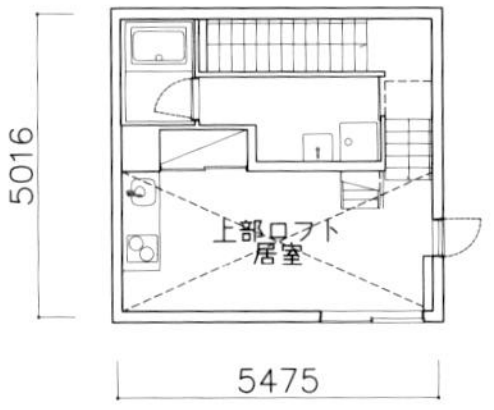

Fタイプ（Eタイプの上階）

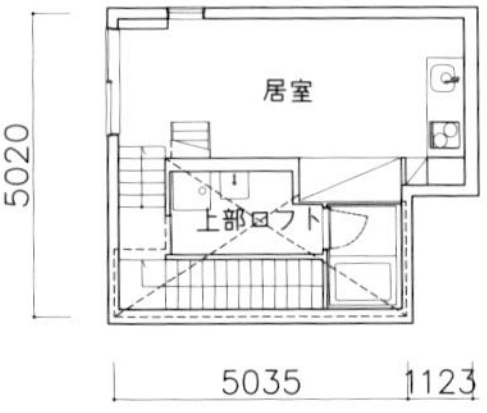

Hタイプ（Gタイプの上階）

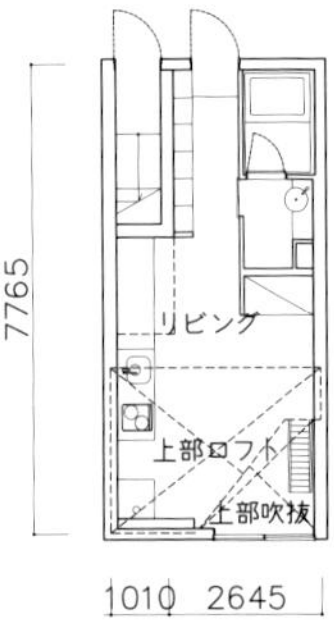

Cタイプ

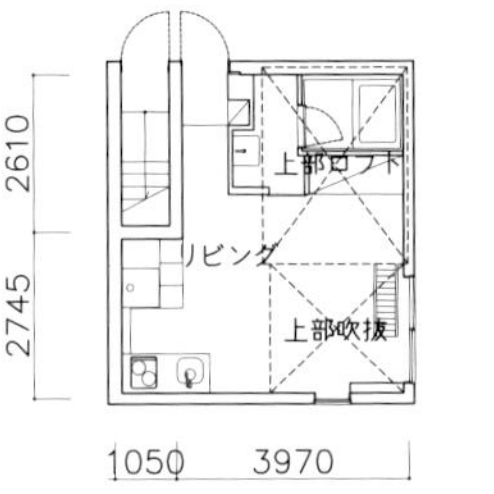

Eタイプ

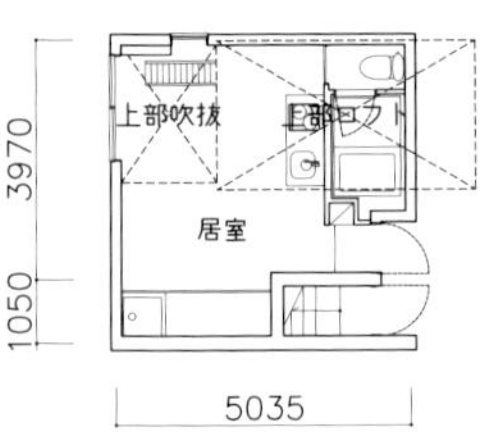

Gタイプ

PASEO WEST平面図　1/250

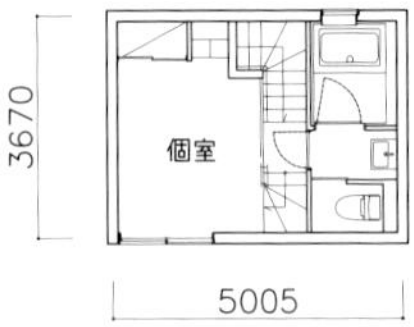

Jタイプ　2階

I2タイプ　2階

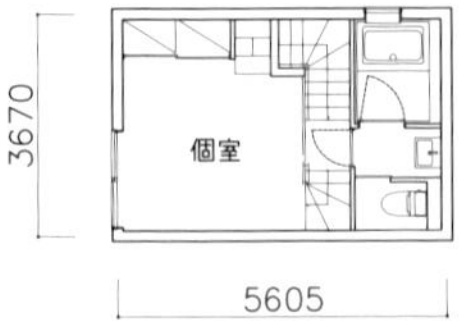

I3タイプ　2階

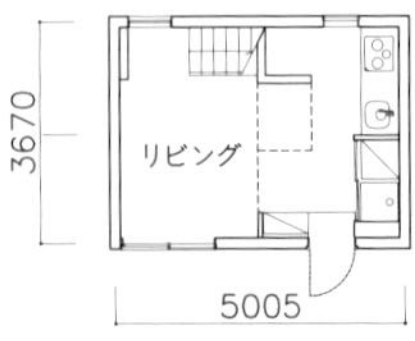

Jタイプ　1階

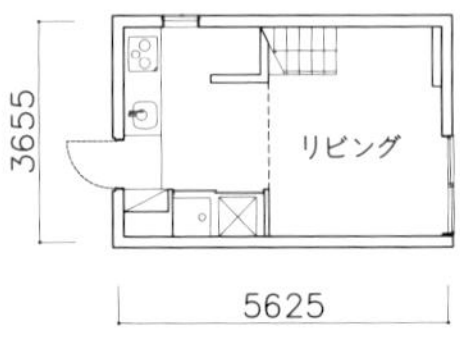

I2タイプ　1階

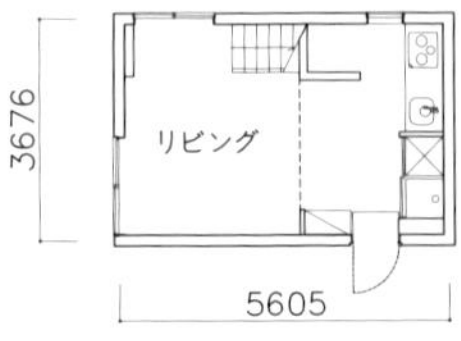

I3タイプ　1階

PASEO EAST Bタイプ。2階、1.5層のスキップフロア。

PASEO WEST I3タイプ。1階リビング。

093 ZOOM ROPPONGI

港区六本木 2016年

1.5層大開口から東京タワーを望む

南東側外観。高速道路沿いに建つ。

エントランス。ミラー効果で柱が林立するように見える。

首都高速道路側の高層棟は正面に東京タワーが聳え立ち、大きな窓が格好のピクチャーウィンドウとなっている。反対側の3階建ての低層は、街の喧騒と隔絶された隠れ家的な佇まいを有している。全住戸「Ⅳ ヴォイドのある1.5層」である。1階エントランスの通路は向き合う壁の上部にミラーが貼られ、その効果で列柱が林立する神殿のような空間となっている。

34戸/RC造/地上12階/49.8m/1245.41㎡/25.5㎡～51.0㎡

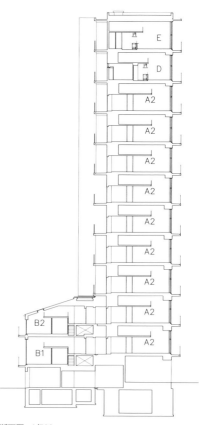

断面図 1/500
「Ⅳ ヴォイドのある1.5層」

Eタイプ。12階ルーフデッキから東京タワーを望む。

Eタイプ。12階リビングからキッチンとロフトを見る。

インフレームとアウトフレームを併用する

高層集合住宅が並ぶ地区に建つ。外観はシンプルだが上下で異なるユニットタイプとしている。2階から7階は「Ⅴ 2.5層で2住戸」の組み合わせ、8階から11階はすべて「Ⅳ ヴォイドのある1.5層」で構成されている。この構成は2010年頃から薄肉ラーメン、インフレームラーメン、アウトフレームラーメン、壁式といろいろな構造でつくってきたが、ここではインフレームとアウトフレームをミックスしたプロトタイプとなった。

54戸/RC造/地上11階/41.2m/1938.06㎡/26.5㎡
～57.5㎡

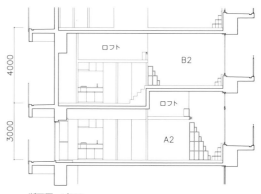

断面図 1/200
2階から7階は「Ⅴ 2.5層で2住戸」の組み合わせ

東側外観。2階から7階は交互に1.5層、8階から11階は1.5層。

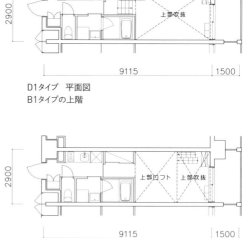

D1タイプ 平面図
B1タイプの上階

B1タイプ 平面図 1/200
D1タイプの下階

Eタイプ。11階リビングからキッチン、ロフトを見る。

D1タイプ。0.5層下がった入口方向、0.5層上がったロフトを見る。

Court Modelia akasaka 895

港区赤坂 2017年

既存の巨大地下空間を居室に転用する

敷地が傾斜地で地盤面が上方にあったことを利用し、建築基準法上10m以下の高さ以内で地上4階・地下2階の集合住宅を成立させている。最下部の道路に面する地下1階と地下2階にロフト付き「Ⅲ ヴォイドのあるスキップフロア」のメゾネットを7戸、反対側の地下1階に「Ⅳ ヴォイドのある1.5層」を2戸配した。後者は深さ3mのドライエリアと階段を中心とする吹抜けにより、外光を室内の奥深くまで差し込ませた。またスタジオとして使われていた地下8.5mの既存躯体を山留めとして使用した。

43戸/RC造/地上4階・地下2階/9.9m/1841.68㎡/
25.3㎡〜65.9㎡

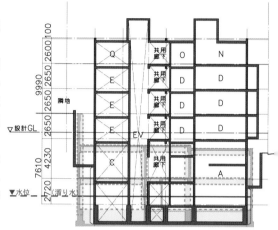

断面図　1/400　既存地下躯体（青色）を山留めに利用。10m以内で地上4階・地下2階を成り立たせている。

南側立面図　1/400
道路高低差約3m

南東側外観

Gタイプ。シースルーの水回り。

Kタイプ。地下1階。寝室から入口、ロフトを見る。

Aタイプ。地下2階、キッチンからリビングを見る。

Kタイプ。地下2階、リビングからキッチンを見る。

木造の重層長屋を向き合わせる

世田谷の路地が入り組んだ住宅地の中にある。隣り合う2つの敷地のそれぞれに「3.5層で2住戸」(「V 2.5層で2住戸」に1層を加えた変形)8戸の重層長屋を建て、計16戸が路地状の外部空間を囲む配置とした。これにより周辺街並みとの連続性が保たれた。1階はコンパクトな単身者向けユニットで、吹抜け、ロフトを有する。2階はDK、リビング、設備回り、寝室、ロフトが半層ずつスキップし、吹抜けによって連続した空間となり、一戸建てのような感覚を与えている。

2階メゾネット。吹抜けのあるキッチン。
奥に0.5層上がってリビング。

16戸/木造/地上3階/9.6m/500.5㎡/20.3㎡〜46.2㎡

北側から2棟にはさまれた路地を見通す

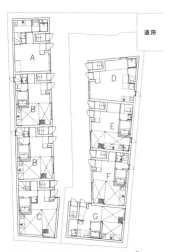

配置図・1階平面図 1/400
2敷地に2つの長屋を計画

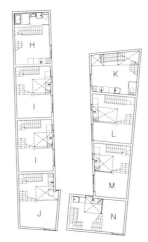

2階平面図
上の住戸のスキップフロアの最下層にあたる階

断面図 1/300
3.5層で2住戸の計画

ファサードに表情のある素材を用いる

敷地は東京の中心業務地区に位置し、その地域でさまざまな活動に携わる入居者のための集合住宅。66戸のコンパクトで機能的なユニットと最上階のルーフトップ・パラダイスを思わせる2戸のラグジュアリーなユニットで構成される。ファサードはバルコニーの手すりや目隠しの位置をランダムに組み合わせ、素材も木質系の表情をもつルーバー、有孔折板の金属パネル、半透過の乳半ガラスという異なる質感の材料を複合的に用いて、入居者のさまざまなライフスタイルを表象している。

68戸/RC造/地上15階/45m/2530.65㎡/30.2㎡〜64.1㎡

Gタイプ平面図 1/300
15階のペントハウスに上るらせん階段とヴォイド

Gタイプ。屋上テラスから夜景を望む。

西側外観を見上げる。ファサードに多様性を表す。

渋谷区千駄ヶ谷　2017年

ファサードに内部の多様性を表出する

さまざまなライフスタイルに対応するよう、68戸に21種の住戸タイプを適用している。その多様な様相はファサードにそのまま表れている。エントランスには天井の高いコモンスペースが付設され、幅広いジャンルの本とテーブルと椅子が置かれ、常時閲覧や会合が可能なライブラリーとしている。本のセレクトは私たちが行った。スピーカーからは絶えずジャズが流れ、ほどよい触れ合いを楽しみながら居住者の緩やかなつながりが生まれるように配慮している。この空間はショーウィンドウのように街に対して視覚的に開いていて、道行く人が内部のアクティビティを感知できる仕掛けとなっている。

68戸/RC造/地上13階/38.7m/2999.75㎡/27.0㎡〜41.0㎡

南東側外観。多様性をバルコニーの配列で表現。

北西側外観。北側にも楽しく使えるバルコニーを配した。

エントランスホールに併設のライブラリー。この集合住宅のショーウィンドウとして機能する。

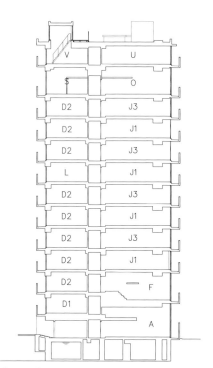

断面図　1/500
1階から3階を一部1.5層×2、12階を1.5層に。

12階平面図

3階平面図
Fタイプ、Gタイプは「Ⅳ
ヴォイドのある1.5層」。

1階Aタイプ。1.5層のフラット。

配置図・1階平面図　1/500
エントランスホールに1.5層のライブラリーを付設

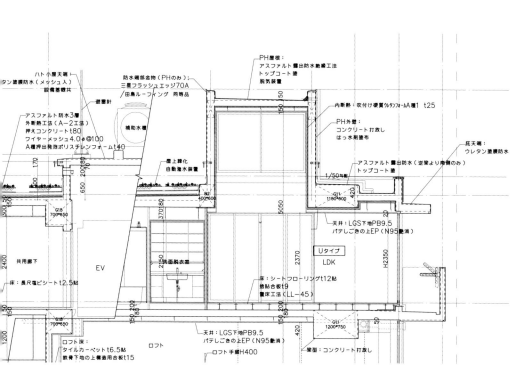

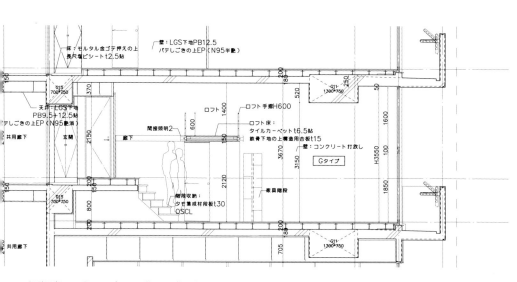

矩計図（上：13階Uタイプ、下：3階Gタイプ）　1/100
「Ⅳ ヴォイドのある1.5層」と「Ⅰ ヴォイドのあるフラット」

225

墨田区菊川 2018年

環境条件の不利を空間の豊かさでカバーする

都心の敷地では日照やプライバシーなど、居住条件に恵まれないことが多く、ことに下層階において顕著である。そのため階に応じてきめ細かな計画が求められる。ここでは1階〜4階に単身者向けのユニットを集めた。1階・2階では半層分の階高を加えることによって内部のヴォリュームで条件の不利を補った。南側1階・2階には「Ⅴ 2.5層で2住戸」の組み合わせを10戸、北側2階には「Ⅳ ヴォイドのある1.5層」を4戸設けた。眺望のよい5階〜7階には広いバルコニーをもつ40㎡ほどのコンパクトなファミリー向けの住戸をつくった。

45戸/RC造/地上7階/21.9m/1754.76㎡/25.2㎡〜42.7㎡

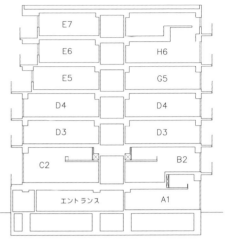

断面図 1/400
日当たりが望めない1階・2階に「立体化ユニット」

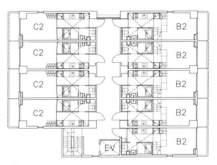

2階平面図
北側に「Ⅳ ヴォイドのある1.5層」、南側に
「Ⅴ 2.5層で2住戸」の組み合わせ。

C2タイプ。リビングから階段収納を見る。

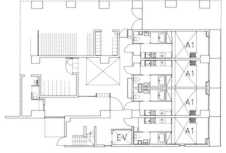

配置図・1階平面図 1/400

H6タイプ。メゾネット上階から下階を見る。

100 ZOOM渋谷神山町

渋谷区神山町 2018年

プライベートガーデンで奥渋とつなぐ

店舗が散在する「奥渋」と称される街区と、さらにその奥の静寂な住宅街（松濤）との結節点となる交差点に建つ、18タイプ40ユニットの集合住宅。立地を考慮して、小さなプライベートガーデンを経由してカフェのようなエントランスホールに導くようにしている。ユニットはフラットが基本だが、「Ⅳ ヴォイドのある1.5層」が3戸ある。上階からは代々木公園や明治神宮の森越しに新宿の高層ビル群や渋谷の中心部を一望できる。

40戸/RC造/地上9階/25.5m/1673.99㎡/26.3㎡〜51.6㎡

配置図　1/3000
奥渋と松濤方面の結節点

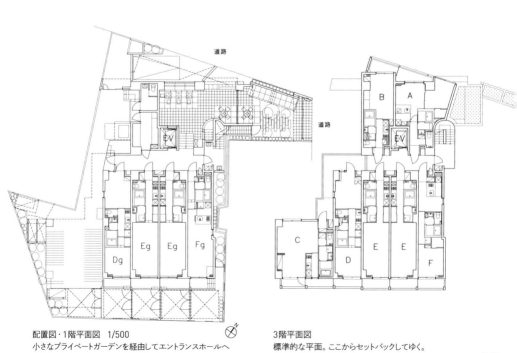

配置図・1階平面図　1/500
小さなプライベートガーデンを経由してエントランスホールへ

3階平面図
標準的な平面。ここからセットバックしてゆく。

東側道路からエントランスホールを見る

エントランスホール

プライベートガーデンを通ってアクセス

Fgタイプ。リビングからキッチンを見る。

Fタイプ。リビングからロフトを見る。

集合のかたち

賃貸住戸の効率的な
集合の形式

100棟の集合住宅を振り返ると、それぞれ異なる敷地条件下においてどのように状況を捉え、いかに対応したのかが浮かび上がってくる。ユニット化した各住戸を一つのまとまりとして集合させるには、多種多様の選択肢の中から、システマティックに、合理的に、ローコストでつくる方式を決定しなければならない。一般的な集合形式の分類に則しながら、特徴のある事例をピックアップし、敷地条件の中でなぜその集合形式としたかについて解説を加える。

［片廊下］

廊下の片側に住戸が並ぶ。両面採光、通気には良いが、プライバシー確保が難しく、また単調な空間に陥りがちである。

多機能化する

［005:TRINITÉ Rouge］廊下に面する居室の開口はガラスブロックと可動ルーバーでプライバシー、採光、通気を確保した。手摺側は腰上のプランターとルーバーで近隣に配慮した。
→［073］

ダブルコリドーにする

［016:SAIZE II］2棟のあいだの廊下は中廊下にするのが一般的だが、ここではメゾネット上階の居室への採光・通気のためダブルコリドーとして、居室と廊下に光と空気が入るようにしている。

らせん階段を付ける

［035:グレンパーク秋葉原イースト］片廊下に勾配を緩くしたらせん階段を付ける。
→［011］

二重らせん階段（ダブルスパイラル）

［044:FLEG池尻］超変形敷地の2棟を中央の円形ヴォイドで接続。ヴォイド内の二重らせん階段から片廊下が2つの棟に伸びる。

高階高を生かす

［053:IPSE新丸子］三角形の敷地の底辺に8戸、頂点に2戸を配し、片廊下でつないでいる。階高4.2mで廊下の天井が高く、空調室外機や開口部が上部に収まり、機械音や開口部が気にならず、一般的な集合住宅における片廊下のイメージを払拭できた。
→［041］,［085］

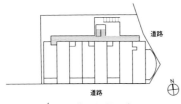

[005:TRINITÉ Rouge] 平面図 1/1000

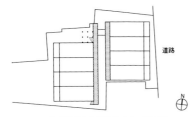

[016:SAIZE Ⅱ] 配置図兼1階平面図 1/1000

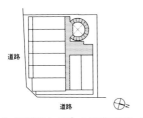

[035:グレンパーク秋葉原イースト] 4-11階平面図 1/1000

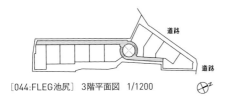

[044:FLEG池尻] 3階平面図 1/1200

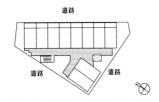

[053:IPSE新丸子] 配置図兼1階平面図 1/1200

［中廊下］

廊下の両側に住戸を配置する形式。

効率良く住戸を配列できるが、住戸、廊下ともに閉鎖的になりがちである。

アルコーブを外部開放にする

[030:WELL TOWER] L字型の敷地に低層1棟と高層6棟を配置。中廊下形式の高層棟では6棟のあいだに交互に外部開放のアルコーブをつくり、中廊下の閉鎖性を払拭している。

2つの特別避難階段を一つにまとめる

[055:FLAMP] 楕円形平面の効率を向上させるため、特別避難階段2つを逆方向に二重にして平面的に一つの階段にまとめ、それに中廊下を接続している。→[056]

[030:WELL TOWER] 9階平面図 1/1200

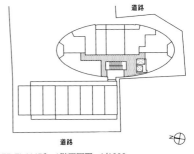

[055:FLAMP] 4階平面図 1/1200

［ヴォイドのある円形外部廊下］

　円形のヴォイドに沿ってめぐる廊下に面して住戸が並ぶ。片廊下の変型で、ヴォイドに屋根を付けないことで、自然光と外気が得られるため、空間の広がりと環境との一体感が強く感じられる。

上下の一体感をつくる

［023:ilusa］店舗と集合住宅などからなる複合施設。中央に大きな円形のヴォイドを設け、自然光と外気を導き入れている。住宅部分は外部に通風可能な開口部を2か所つくり、円形片廊下の入口の戸に網戸付き格子戸を併設し、3か所で通気可能にしている。地下1階と1階店舗は道路に通り抜けできる通路を付け、二重らせん階段でつないでいる。住宅部分と分かれているが、円形のヴォイドで全体がつながり、一体感が生まれている。

光と風を呼び込む

［045:IPSE東京EAST］表と裏の二面が道路と接する鍵型の敷地に建つ高層集合住宅。敷地形状を活かし、住戸を奥行き方向に長く短冊状に並べ、ヴォイドから自然光と通気を得る。ヴォイド外周に廊下を設け、そこから住戸にアクセスする。短冊状に住戸を並べるしかない条件下でも、自然環境を内側に持ち込み、効率の良い平面計画が可能である。

変形敷地をまとめる

［049:IPSE祐天寺］低層部分にヴォイドをつくり、それをめぐる廊下と中廊下を組み合わせている。また室内空間にもシリンダー形状を顕わにすることで、変形敷地を逆手にとって空間化している。

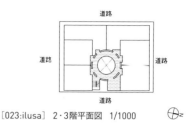

［023:ilusa］　2・3階平面図　1/1000

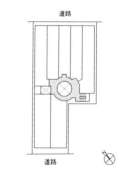

［045:IPSE東京EAST］　4-7階平面図　1/1000

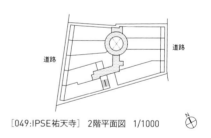

［049:IPSE祐天寺］　2階平面図　1/1000

［中庭］

中庭は建築物で周囲を囲まれた屋根のない空間である。中規模以上の集合住宅では換気、採光、セキュリティ、静けさを住戸に提供するために有効な形式である。

階段でつなぐ

［001:SQUARES］4棟を4つの階段でつなぎ、階段回りのスペースを広くとり、屋外テーブルを置いて戸外の共用空間としている。1階と2階の中間の高さに中庭をつくって動線の中心とし、またすべての住戸がこの中庭に面している。

→［083］

片廊下と階段で回遊可能にする

［027:WELL SQUARE HIMONYA］中庭を囲む4棟を片廊下でつないでいる。住戸の中庭側の壁をガラスブロックとし、メゾネットの上階に開口部を開け、中庭から居室へ採光している。計6か所ある屋上庭園と中庭を回遊できる。

［061:モダ・ビエント杉並柿ノ木］東、南、西の各棟を片廊下でつないでいる。住戸入口には充分な広さのアルコーブを介してアクセスし、それぞれアルコーブと居室が接する。廊下と階段を伝って各所の庭をめぐることができる。

→［017］,［034］

3つの中庭を回遊する

［046:ROKA TERRAZZA］6棟で囲まれる3つの中庭。4階、6階、7階には通路はなく、3階と5階に各棟を行き来する共用廊下を設け、玄関を2階、3階、5階だけに付け、廊下の利用密度を高めている。散在する戸外スペースや通路を伝って建物内を散策できる。

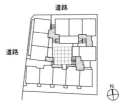

［001:SQUARES］ 配置図兼1階平面図 1/1500

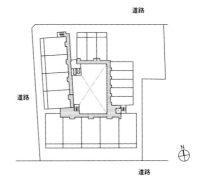

［027:WELL SQUARE HIMONYA］ 3階平面図 1/1500

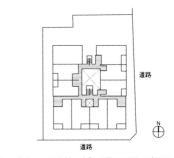

［061:モダビエント杉並柿の木］ 3階平面図 1/1500

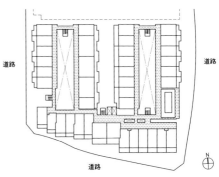

［046:ROKA TERRAZZA］ 5階平面図 1/2000

[階段室]

　階段室に各住戸が並ぶ形式。旧住宅公団をはじめとする公共住宅に多く採用されている、隣り合う2戸で一つの共用階段を利用するタイプである。共用廊下がないため、住戸の2面が開放され、プライバシーを損なわずに通風、採光を得ることができる。

二重らせん階段で領域を分ける

[002:DSドミトリー] 三角形の敷地を囲む道路に平行に3棟配置。中心の二重らせん階段により建物全体は大きな社員寮と3つの小さな寮の部分に区分されている。

ツインタワーにする

[004:ALTO B] 階段室型の隣り合う2戸のあいだを開け、2つのタワーとしている。向かい合う住戸の目線の高さの違いを解消するため、2つのタワーの平面を左右反転している。

バルコニーアクセスにする

[022:STEP] 居室の高さを半層ずつずらして東西に配置した。南北方向の階段の踊り場からバルコニーを介して住戸にアクセス。
[032:Zephyr] 道路の高低差に対応させ、西側はバルコニー、東側は内部からとアクセスを変えている。→[031]、[072]

立体パズルのように組み合わせる

[051:Clavier] 階段室型に「立体化ユニット」を散りばめた、立体パズルのような住戸の組み合わせ。半層ごとの踊り場からアクセスする。→[042]、[058]、[081]

直階段が突き抜ける

[086:QUATORZE] 4つの直通階段をはさみ、店舗、住戸が連なる。下から見上げると階段が空に向かって伸びてゆく。→[020]

[002:DSドミトリー] 配置図兼1階平面図　1/1200

[004:ALTO B] 平面図　1/1200

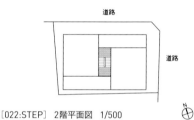

[022:STEP] 2階平面図　1/500

[051:Clavier] 1・2階平面図　1/500

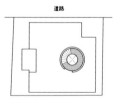

[058:Abel] 3階平面図　1/500

[086:QUATORZE] 配置図兼1階平面図　1/1200

［長屋］

　複数の住戸が壁を共有して水平に連なり、各戸の入口が外の通路に直接面する。共用部分が外の通路のみのローコスト集合住宅である。住戸を重ねたものは重層長屋と呼ばれる。

住戸を並べる

［068:LADEIRA］道路に面して住戸を単純に並べるだけのシンプルで効率的な構成。→［013］,［014］,［066］,［067］

住戸で外部通路を囲む

［043:GRAND SOLEIL 鵠沼海岸］向かい合う2棟の長屋で外部通路を囲む。南棟と北棟でリビングの階を変えることでプライバシーに配慮し、ほど良く触れ合う路地空間としている。

［091:PASEO EAST］外部通路を雁行させ建物で囲い込むことで自然発生的な集落の雰囲気をつくっている木造の重層長屋。→［092］,［096］

外から回り込んでアクセスする

［012:QUINS］メゾネット5戸が共有の中庭をとり囲み、外周から回り込んで住戸にアクセスする。

［071:Modelia Brut 都立大］旗竿状の敷地に建物を一体化させるように配置し、三方の通路から回り込んで住戸にアクセスする、背壁を共有した棟割長屋。下階と上階のメゾネット入口を1階に設け、2住戸を重ねた重層長屋でもある。

道路から道路へ通り抜ける

［075:HUTCH］1階、2階合わせて21戸の玄関が、折れ曲がりながら50mの路地を伝って道路から道路へ並び、通り抜けてゆく。

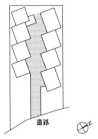

［043:GRAND SOLEIL鵠沼海岸］　配置図兼1階平面図　1/1200

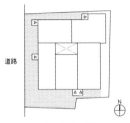

［012:QUINS］　配置図兼1階平面図　1/600

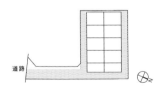

［071:Modelia Brut 都立大］　配置図兼1階平面図　1/1200

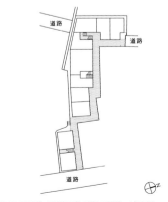

［075:HUTCH］　配置図兼1階平面図　1/1200

エレメント

賃貸集合住宅を
構成する建築的要素

100の賃貸集合住宅をつくる過程で企画→設計→建設→入居の流れを幾度となく繰り返してきた。そこで常に考えてきたことは集合の方法や空間のシステムなどの計画手法であったが、一方で建築を構成する要素（エレメント）が妥当だったかいつも気にかけてきた。賃貸集合住宅でとくに重要なエレメントは外壁、開口部、内壁、床、天井、収納、建具、照明である。試行錯誤を重ねる中でたどり着いた方法を改めてまとめてみた。

［外壁］

「『立体化ユニット』の試み」の章で述べたように、もともと集合住宅は建築要素である柱、梁、壁、床を複数の住戸が共有している。それゆえ、構造的、経済的、熱環境的に戸建てに比べると合理的な仕組みである。その外皮が外壁であり屋根である。外壁は視覚的要素として作用するとともに、外部環境と内部環境の相互作用をコントロールする。開口部、屋根とともに主に熱・音・光の環境について調整する。そう考えた場合、外皮すなわち外壁と屋根は、外の環境をいかに制御して内側の環境をつくるかの調整装置であると考えられている。

　断熱については、躯体の外側で断熱を施す外断熱と内側に断熱を施す内断熱があるが、私たちは原則として外断熱方式が最も

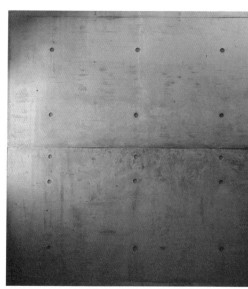

コンクリート打ち放しの外壁

適切と考えている。壁の外側に断熱材を貼り付けることによって断熱効果のみならず外壁のひび割れからの漏水などに対し躯体を保護する役割も果たし、さらには躯体そのものの蓄熱性を利用して室内気候の安定化を図ることができるためである。とくに壁や床を共有する集合住宅では、蓄熱性能におけるメリットが顕著になるため、その特性を生かす意味もある。通常は躯体表面に断熱をした上にさらに断熱パネルを貼る。しかし、完全な外断熱にすることはバルコニーや外部片廊下などを多用する私たちの設計スタイルでは難しい場合が多い。そこでメンテナンスのしにくい妻側などの部分は耐汚濁性の仕上げを貼った安価な外断熱を施し、その他の部分は内断熱を併用する

ことで安価にすることが多い。また外断熱は一般にコストがかかるため、中低層の集合住宅では外壁は打ち放しのままとし、修繕の際のメンテナンスがしやすくコストを抑えられる内断熱とすることが多い。その際は性能の確かな撥水剤を使い、開口部や吸気口や排気口のカバーなどの水切りをしっかりとり、汚垂れの生じないディテールとするよう心がけている。

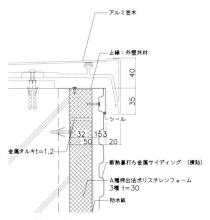

外断熱笠木詳細図　1/5

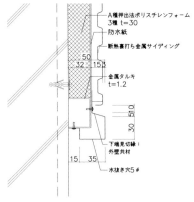

断熱パネルを貼った断面のディテール　1/5

断熱パネルによる外断熱の外壁

［開口部］

外壁同様、開口部は外部環境と内部環境をコントロールする。簡便な引き違い窓、FIX窓、すべり出しの小窓を使うことが多い。太陽エネルギー、自然光、空気は内部環境にとっての大きな資源である。必要に応じてなるべくそれら自然の資源を利用し、エネルギー負担の低減を図る。

天井の高いヴォリュームのある空間で大きな開口部を用いることは、採光、採暖など

の効果に加え、景色を中に取り込んだり、開放感を増し、空間性を強調する効果がある。さらにヴォイドの上部から光をとり入れることで効果はより高まる。ヴォイド部分に垂れ壁や袖壁などがなく、光を遮る要素が少なければ効果は大きくなる。全面開口にすると空間には最高の効果がもたらされるが、日射の影響や、コールドドラフトなど悪い影響を及ぼす面もある。そういっ

［004:ALTO B］開口部の外観と内観

［041:tuft］開口部の外観と内観

た開口部にはブラインドを最初から装着し、ダイレクトゲインによる日射量を調整できるようにするが、さらに遮熱タイプのLow-E複層ガラスを使う必要がある。

　居室には、空気の流れが生じるように異なる2方向に開口部を設けるのが原則である。高層の集合住宅となると難しいことが多いが、部屋をまたいでもなるべく空気が流れるようにしている。

　私たちが手がける建築の場合、敷地条件から防火戸（防火設備）の必要があり、耐久性やコスト面を考慮して施工性に優れたアルミニウムの建具を使うことが多い。最近では認定の制限がかかり（＊1）不自由なことが多く、その場合、FIXと規格品の組み合わせを使うのも一つの方法である

＊1：「国土交通大臣認定品」でなければ防火設備に用いることはできない。

［076:インゲン］開口部の外観と内観　　　　　　［084:SVELTO］開口部の外観と内観

［内壁］

内壁は空間を仕切るとともに身体に触れることの多いエレメントである。したがって汚れや傷がつきやすい。賃貸集合住宅の場合はとくに、入居者の入れ替わりの際に多額の修繕費用が生じにくい内装にする必要がある。

内壁ではコンクリート打ち放し仕上げが丈夫で、汚れに強く、経年変化を感じさせないので最強の仕上げ材となる。またコンクリートは露出して使えば、空気層のある木質系や石膏系などの仕上げを施した場合に比べて熱容量が充分にあるため、蓄熱材として、室内熱環境のバランサーとしての役割を担わせることができる。

軽量鉄骨や木製の枠組みで内壁をつくる場合は、プラスターボード（石膏を主材とした建築材料）を下地として、シナ合板（表面にシナ材を用いた仕上げ材）にクリア塗装（仕上げ材の風合いを活かしながら保護する透明な塗装）をかけ、水や汚れがしみ込まない方法を基本としている。これも長期使用に対して、汚れが付きにくく、自然素材であるため経年変化自体が味わいにな

るからである。また、打ち放しのラフでクールな素材感に対し、木の暖かみを加えることでバランスをとれるという利点がある。この方法はランニング・コストでは貢献するが、一般的なプラスターボードにビニール・クロスを貼る仕上げと比べるとイニシャル・コストはかかるので、最近ではプラスターボードに白のペイント（汚れが落ちやすいもの）、またはペイントに近いビニール・クロスを使うことで、間接照明の効果を十二分に引き出し、コストを抑えつつ空間全体をニュートラルで明るい雰囲気にすることも増えている。

シナ合板詳細図　1/8

［061:モダ・ビエント杉並柿ノ木］シナ合板の内壁とコンクリート直天井に白ペイントの組み合わせ

［100:ZOOM渋谷神山町］プラスターボードに白のペイントとコンクリート打ち放しの組み合わせ

［床］

床は住宅内での人の動きを支える負荷が大きくかかるエレメントである。したがって、動きやすく、耐久性があり、メンテナンスしやすいものが良い。私たちの場合はフローリングが標準である。空間のつながりや連続性を出すためになるべく同じ材料で段差をつけない計画とする。しかし、二重床でオープンカウンターのキッチンの場合、キッチンの作業台の高さ85cmとテーブルの高さ72cmを揃えるために13cmの段差をつける。

集合住宅では上下階の音の伝搬が問題となるが、私たちは18cm以上の厚さのコンクリートに防振ゴムのついた置床工法による二重床を基本としている。直に床仕上げ材を貼る場合は、防音のため床の構造躯体の厚みが25cm以上とするか、遮音シートを貼るなどの配慮を必ず行っているが、基本は二重床を採用している。合板に突き板をはったものを使用していたこともあったが、メンテナンスのしやすさとコスト面から現在はオレフィンなど化粧材を貼った傷のつきにくいシート・フローリングを使うことが多い。高級感のある濃い色のものよりも部屋が明るくなる薄い色にする。

またロフトの床の下地は鉄骨、木造、コンクリートとさまざまだが、仕上げは膝にやさしいカーペット仕上げを用いている。土間などの屋外用途としても利用できるような室内空間では、タイルなど土足での使用にも耐えうる材料を用いる。冬季の冷えの対策として床暖房を設けることが多い。

［084:SVELTO］淡い色合いのシート・フローリング

［077:Modelia Brut表参道］白いタイルで明るく暖かい空間に

［042:SCALE］鉄板の床。締まった黒色の黒皮鉄板は熱伝導が良く床暖房の仕上げに適している。

［天井］

天井は目線の上にあり、内壁とともに空間を形づくる大切な要素である。しかし、通常は2.1mより上にあるために身体に触れることはほとんどない。私たちの設計では、限られた階高の中で居室の天井高を確保するために、躯体のコンクリートをそのままあらわす直天井を標準としている。戸建て住宅と異なり規模の大きな高層集合住宅では、コンクリートの打設回数が多く、型枠を何度も再利用することが多いために、天井の打ち放しの仕上がりをコントロールするこ

とが難しい。排気ダクトなどを隠すため（場合によっては露出することもあるが）部分的には石膏ボードで覆うことが多い。コンクリート部分との色の差異を目立たなくし、さらには空間を明るくして照明の効果を高めるため、天井部分の躯体のコンクリートに反射性の高い白色の塗装をかけるようにしている。間接照明にした場合は光源を柔らかく反射して天井自体を照明装置の一つにすることができる。

［088:oazo］白色の塗装（艶消し）は光源を反射し天井自体が照明装置となる

［収納］

　収納は生活を支える大きな要素である。ほど良く快適な住環境を組み立てるには、持ち物の納め方が大切である。収納というと賃貸集合住宅では二の次になることが多いが、コスト配分に配慮したうえで十分に確保することが必要だ。［001:SQUARES］以降、「見せる収納」と「隠す収納」に分け、両方を成立させるようにしている。例えばグリッド状の格子棚は整理された飾り棚として使い、ロフトにはふだん使わないような持ち物を置くことを想定している。また、建具における考え方にもつながるのだが、可変的な「見せる収納」の場合、家具を移動させることにより、室内をさまざまに変化させることができるため、それはすなわち、家具によって居住者自らが生活空間を自由に組み替えられるようにするための仕上げでもある。

［084:SVELTO］

［100:ZOOM渋谷神山町］

［023:ilusa］

［084:SVELTO］の可動家具パターン
収納は壁に収まったり、壁になったり、建具との組み合わせでワンルームから2LDKまで変えられる。

［100:ZOOM渋谷神山町］の固定間仕切り家具
透過性のあるグリッド収納（高さ2800）で
ソフトに区切り、つなげる。

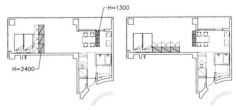

［023:ilusa］の可動家具のシステム　1/400
大×3、小×2の可動家具で空間を組み立てる。

［建具］

　賃貸集合住宅ではさまざまな住まい手の生活にフィットするように、間取りはある程度可変的であることが望ましい。そのためには空間を多目的に利用し、可変的に使える日本の伝統的な居住空間の流動性が有効となる。たとえば袖壁と引き戸による調整が役に立つ。引き戸は開いた状態が本来の姿であり、閉めると空間が分節化されるという考え方を基本としている。これまで可動家具とともに引き戸や壁のように大きな引き戸、回転する引き戸、二つに折れる引き戸などを用いて領域を自由に変えることができるようにした。それらの組合せによって居住空間に可変性を与えた。小さな住戸では1か所だが、大きくなるにつれ、できるだけ数を増やすようにした。また最近では、隣戸間の音の伝搬を防ぐためソフトクロージング機構のある吊戸を多用している。

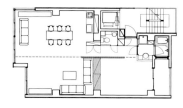

［025:Torre Vista］
可動家具と可動間仕切のパターン
間仕切りとして使用時（上）と収納時（下）。
ワンルームから2LDKまで可変。

［026:河田町コンフォガーデンのインフィル］
マルチコネクト型プラン
引き戸の開閉により、空間のつながりを
コントロールする。

［026:河田町コンフォガーデンのインフィル］
シェアードハウス型プラン　1/300
2つの入口、奥で共用、戸の開閉、施錠により、
個の領域をコントロールする。

［内部階段］

空間を縦につなげる意味で内部階段は大きな要素である。限られた広さの中でいかに効率良く、気持ち良くつなげることができるか。

存在感を小さくするには、水平投影面積が小さく済むらせん階段は都合が良い。上昇するシンボルとして部屋のアクセサリーにもなる。しかし幅をとるため、小さい部屋では扱いが難しい。

直階段で省スペースを追求する場合は段板をキャンティレバー（片持ち階段）にする。

コンクリートの場合はそのまま塗料を塗る。木の場合は鉄骨の下地を使う。黒皮鉄板を用いた折れ曲がり階段で、空間のアクセサリーとなるようなものにしたこともある。また、ロフトに上る階段では、はしごや簡便なステップにすることもあるが、踏み台を兼ねた箱型収納にしたり、箱を組み合わせ、踏み面をステップごとにずらして配置し、コンパクトでかつ機能をもたせたりしている。

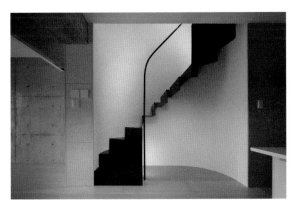

［084:SVELTO］黒皮鉄板の折れ曲がり階段

［075:HUTCH］鉄骨＋木のキャンティレバー階段

［097:ZOOM TOCHOMAE］らせん階段

［100:ZOOM渋谷神山町］階段収納

［照明］

　照明によって空間のイメージは大きく変わる。かといって生活の場において過剰な演出は必要ない。必要最小限の中にも賃貸住宅ならではの変化を楽しみたいものである。そのような考えのもと、居室の照明には、配線ダクト用の器具ならなんでも使えるスポットベースという部材を壁や天井に打ち込んだボックスにとり付け、スポットライトの器具を自由に組み替えることがで

きる仕組みを考案した。

　初期には光源にビーム球やレフランプを使っていたが、2000年頃からは省エネルギー化を図るため電球色の蛍光ランプに置き換え、いまでは普及して安価になってきたのですべてLEDを使用している。天井の高い空間ではとり換えやすさと明るさの効率を考え、上下に光がゆきわたり、かつ目に光源が入らないような間接照明を採用し

［098:ZOOM神宮前］間接光とスポットライトの組み合わせ

［085:ZOOM AZABUJUBAN］固定式のライン型
照明器具で上下に光

［061:モダ・ビエント杉並柿ノ木］
透明ファイバー・グレーチングの光るベンチ

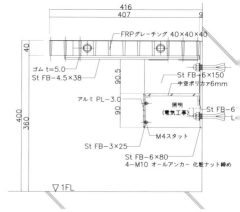

ベンチ照明詳細図　1/10

ている。

　天井、壁、床が照明装置となるような設計も試みている。たとえば、カバーされた照明を水平に連続させることで、天井と壁を照らす方法がある。また部屋の中心に配線ダクトとアッパーのライン照明をコンパクトな断面に納め、じゃまにならない程度の高さに連続させ、天井をソフトに照らすとともに、小さなスポットライトで局所的に、可変的に下を照らす方式などもある。手ごろな既製品がないので特注で作ることになる。それは高価になることが多かった。単純化、ダウンサイズを図ってきたが、規格部材、電設資材などの安価な材料を組み合わせて作るようにしている。その他、コモンスペースに光るテーブルやベンチを置き、オブジェのような照明装置とすることもある。

［094:ZOOM SHIBAURA］ポスト照明。上下に間接照明。

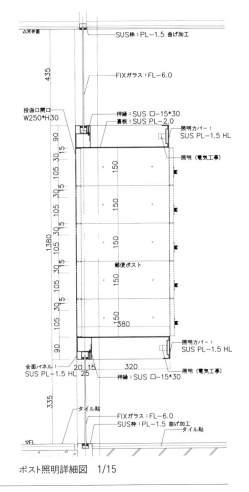

ポスト照明詳細図　1/15

ときどきの考え、
ときどきの想い

長らく賃貸の集合住宅を中央として設計活動を行ってきたが、試行錯誤の中で考え、発見してきたことがいくつかあり、それらをまとめた。

普遍的で包括的な空間を求めてきたような気がする。

シリンダー状の空間への志向

今まで多くのシリンダー状（円筒状）の空間をつくってきた。

最初に試みたのは30年前、「サークル・プレイス」（1989、ワークショップ：北山恒、木下道郎と共同設計）という22戸のワンルームの小さな集合住宅であった。隣地側からの採光が期待できなかったため、建物の中央にコンクリートのシリンダーを配置し、その外周に通路をCの字型にめぐらし、北側の住戸の壁をガラスブロックとした。シリンダーからの光がガラスブロックを透過して入り込み、思いのほか明るい部屋になった。シリンダーの直径は4.4mに過ぎないが、住戸内部の実際の面積（約15㎡ ≒ 4.5坪）よりもだいぶ広く感じられた。高さ11mのシリンダー状の壁は壮大とすら見え、1階は街の広場のような雰囲気となった。

次は13階建ての高層集合住宅「中丸町の集合住宅」（1991、ワークショップ）で、シリンダーは直径7.4m、高さ40mの巨大構築

「サークル・プレイス」3階通路より北側住戸を見る

物となった。ここではシリンダーの内側にはスチール製グレーチングの段板を1枚ずつずらして重ねた二重らせん階段（ダブルスパイラル）を設けた。2つの階段をそれぞれ半周で1階上昇させ、廊下へとつながる出入口は向かい合いながらも合流することがない。巨大な吹抜けの入口ホールには、グレーチングの格子状の隙間を通して、40mの長さを潜り抜けた太陽光が降り注ぎ、ローマの「パンテオン」（128年頃）を彷彿とさせた。以来、シリンダー状空間を計画の手法として多用することになった。

　シリンダー状の空間の特徴と魅力を思いつくままに挙げてみよう。

1：シリンダーの内側に通路を設けて活用できる。たとえばシリンダーに各住戸のエントランスを設置して、通路をコンパクトな周回路とする。

2：シリンダーの内側に階段を設けて活用できる。シングルのらせん階段、二重らせん階段のいずれも、半周で上下階に達するようにすると、一般的な直階段などに比べて外周部は長さにゆとりをもたらせるため、勾配が緩く上がりやすく、折り返しがなく連続して周回できる利点がある。

3：上部を開放すると、外気や太陽光をとり込む筒となり、住戸や通路の居住性を高めることができる。平面の幅、奥行きが広く、深くなってしまう場合に、中央にシリンダー状空間を配すると、居住性とともに視覚的に縦のつながりをもたらすことができる。

4：シリンダーの内側（凹面）は、囲まれた壁により、中心部に向かう求心性が高まり、シンボリックな空間の力を強く感じさせる。

5：シリンダーの外側（凸面）は、湾曲する壁面によって、外に向かって放射する力が働き、外へ対しての拡張感と開放感が生まれる。壁自体が空間のアクセントとなる。

6：シリンダー状の壁を構造体として使い、平面上バランスよく壁を配すると水平剛性が高まり、耐震性を高めることができる。

「サークル・プレイス」1階通路より中庭を見る

「中丸町の集合住宅」ダブルスパイラル階段を見上げる

設計におけるコンセプトや
システムのオープン化について

　以前、ある建築家から突然電話があった。「あなたの設計した集合住宅は私が特許をもっている仕組みに似ているので相談したい」ということであった。その仕組みとは、私たちが「立体化ユニット」と名づけた空間を立体的に利用するシステムのことを指すようだった。私は今までいくつも同様の賃貸集合住宅を設計してきたことと、雑誌にも発表してきた旨を告げる。すると設計したものに付加価値が生じるので、その企画をしたデベロッパーに話がしたいということになった。彼はまだそのシステムの建物はつくっていないらしいが（机上の設計ということである）、日本で特許をとり、外国でもとる予定であることを告げられた。そこで私は知り合いの弁護士を介して、弁理士の方に相談をした。すると「どう思いますか？　谷内田さんの仕組みは今までいくつもつくっているものだし、ほかのさまざまな建築的要件を絡めたものですが、特許権を侵害すると思いますか？」と訊ねられた。答えは当然「いいえ」である。結局その後、その建築家からは連絡がなくなった。数が増えれば多くのデベロッパーから特許料をとることができると見込んだのであろう。仮に特許が認められたとしても、立体的なプランという部分だけでは建築は成り立たないし、ましては空間の魅力にはなりえないように思う。

　総じて建築の設計において、コンセプトまたはシステムの共有は必要だと思っている。私の考えや設計手法がもし有用であれば一般化して共有したいという願望こそあれ、特許でブロックしようとはまったく思わない。私自身、ほかの建築家の設計した作品の見学会に行くと、創作のための多くの工夫や努力を発見し、感化され、好ましい影響を受けることが度々ある。設計技術はお互いに切磋琢磨して向上してゆく性質のものだ。大量生産を前提とした工業製品とは異なり、建築家という職能が要請される場合の設計においては、課題は同じではありえず、与条件は一筋縄ではいかないことばかりであり、実現までには難題が多いのが常である。したがって、すでにあるコンセプトやシステムを使おうとしても、必ず独自の解釈、工夫を多く必要とするので、単純な真似で済ませられることは皆無ではないだろうか。

コレクティブハウスでの
住民同士のほどよい接触

　コレクティブハウスはヨーロッパで生まれ、「集まって住む」ことの意義を強めた住まい方である。新しい家族のあり方を考える意味から以前よりとても興味があった。その方式は、各戸は住居として独立した機能をもつが、家事労働を軽減するために食事・洗濯などのスペースを共有し、家事を共同で行うというものである。初期のコレクティブハウスは大規模で、家事は居住者同士が共同負担するのではなく外部へ委託していた。そうしたいわばサービス享受型のスタイルでは居住者が受動的になり、集まって住む本質的な意義が失われてしまうという見方もできる。近年では規模を小さくして住人同士の距離を縮め、お互いの能動的な

[064:マージュ西国分寺]コモンルーム

かかわりを促す形式になっているそうだ。そうした住まい方は、家族間の交流のみならず隣人との新しい関係性が生まれる可能性がある。それを求める人たちには良い刺激となるかもしれない。私も一度は体験できたらと思う。しかしそのようにできたコミュニティが、すべての人にとって快適に暮らせる場となるとは限らない。

そこで私なりにコレクティブハウスを捉え直してみようと設計にあたったのが、シェア居住を志向するオーナーと企画会社からの依頼を受けて設計した[064:マージュ西国分寺]で、9室という小規模なものである。ここでは4階のキッチンとランドリーのあるコモンスペースが住民同士の関係を築く場の中心となる。住民にはそこで開かれる月1回のミーティングへの参加が義務づけられている以外、とくになにかをしなければならないというしばりはない。オーナーがコモンスペースでカフェを運営するようになり、1階店舗の従業員や3つあるスモールオフィスの利用者も来て、ここには絶えず人がいるそうだ。顔見知りの人との接触はあるが、行事などの参加へのオブリゲーションはない。「ほど良い接触」が可能な住まいの仕組みになっている。コモンスペースをどのように設計するのか、いろいろな選択肢があるが、身近な共用設備を少人数で利用する中で住人同士がほど良い接触を繰り返すうちに、新たな人間関係が生まれる可能性は高い。それには中心的な役割を果たすまとめ役が必要となるかもしれない。とくに子どものいる家族が入ると世代を超えた関係性が生まれコミュニティが家族のように感じられるそうだ。

どのような集合住宅であっても、コモンスペースを通じてほど良い接触を媒介するような仕掛けをつくってゆければと思う。今、オーナーの事務所が中に入る小さな集合住宅を計画している。コモンスペースをどこに配置し、何を絡めてゆくか、思案している。

コーポラティブ住宅の設計を
スムーズにする
スケルトンのイメージ

コーポラティブ住宅は入居希望者が集まって組合を結成し、その組合が事業主となって、土地取得から設計者や建設業者の手配まで、建設行為を全うする集合住宅である。「ハーレン・ジードルンク」(1961、設計:アトリエ5)もスイスの建築家が中心となってつくられたコーポラティブ方式の集合住宅である。共同で村のようなコミューンをつくるようであり、学生時代から興味があった。そこは複数の建築家が土地を共同購入して入居者を広く募集した、公共施設などを含む75戸のテラスハウス型の低層集合住宅である。今まで2度ほど訪れた。このコーポラティブ方式は日本では都住創(都

市住宅を自分たちの手で創る会）などが早くから試み、多くの実績がある。しかし、比較的規模は小さく、村というよりは横丁といった感じである。それはそれで魅力的だが、最近は都市部での土地取得が難しいため、コーディネーターが中心となって戸建て住宅や共同住宅が建てられない、いわゆる旗竿状敷地を安価で購入してつくる場合が多く、さらに規模が小さくなっている。

私も一度は設計してみたいと思って事業者に協力をしたことがあるが、実現したことはない。集合住宅供給の一つの選択肢だが、各入居予定者の要望を設計にとり入れるという方針である以上、全体の意思統一

「ハーレン・ジードルンク」の現在。集会室と売店、現在も他の共用施設とともに充分に機能している。

周辺に次々建てられた集合住宅。
「ハーレン・ジードルンク」に同化するように建てられた。

がしづらいことは想像に難くない。また、入居予定者側が住まいに対する明確な要望をもたない場合には、一般の分譲集合住宅と同じような感覚でデベロッパーや設計者などの供給側に対する依頼心が強くなるだろう。スケルトンとインフィルを分ける方法は以前からとられているが、プランがなかなか決まらず、供給側の負担が非常に大きくなると聞いている。設計者側が提案することで、入居予定者がより能動的に参加できる仕組みはないものか、スケルトンの骨格をより強くし、より魅力のあるものを「立体化ユニット」でできないかと思案している。

高いセキュリティを維持しながら開放性をもたせること

1981年の初めてのヨーロッパ旅行では多くの集合住宅を見学した。当時の日本とは違って都市部の古い建物では改修が進んでいた。その頃すでに、セキュリティ方式として、共用入口でインターフォンを通して会話したあとに遠隔操作でロックを解除する、いわゆるダブルロック方式が普及していた。しかし、新しい集合住宅ではソーシャル・ハウジング（社会住宅＝公共の低家賃住宅）が多く、ダブルロック方式が採られていず、中に紛れ込んで様子をうかがうことができた。

「オダムズウォーク」（1979）は、ロンドンでも若者に人気のある街区の再開発によってつくられた集合住宅である。1階、地階に商業施設があり、中庭を内包し、4階部分には立体的な街路がある、102世帯、5階建ての建物である。以前訪れたときは誰でも入ることができたので、街区の中の立

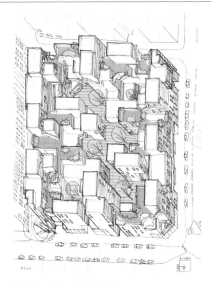

「オダムズウォーク」の街路

「リンデンシュトラーセの集合住宅」

体街路を周回した。中庭を中心とし、少し ずつ道路側の外部の方にセットバックして ゆく構成である。4階は図面上ではシステ マティックなのだが、実際に足を踏み入れ てみると実に複雑で迷路に入り込んだよう な感覚に陥る。通路はプライベートな庭を 介して各住戸につながる。街路 – 通路 – 庭 – 住戸へと進むにしたがい、プライバシー の度合いが高くなってゆく構成である。と ころが最近行った人によると、残念ながら ロックがかかっていて中には住民しか入れ ないそうだ。当然ながら、見ず知らずの人 が入ってきては困るからだ。同時にセキュ リティの名のもとに集合住宅が急速に閉鎖 的になっていると感じた。

それに対してセキュリティと開放性を両 立した計画があった。1987年に開催された 「IBAベルリン国際建築展」は、ベルリンの 都市再開発プロジェクトにおいて実際に建 てられた集合住宅を展示物に見立てた展覧 会だった。当時、先端的な建築家たちの設 計する建物はポストモダンの流れの中にあ って表層的な形態操作に終始し、外部には 閉鎖的な住戸が多かった。アルド・ロッシ、 ロブ・クリエ、マリオ・ボッタ、磯崎新な ど錚々たる建築家が腕を競い合っていたが、 心を惹かれたのはヘルマン・ヘルツベルハー の設計した「リンデンシュトラーセの集合 住宅」であった。プライベートな領域から パブリックな領域へと緩やかにつながり、 外部に対して開放的な構成となっていた。 外との接点である（共用入口の機能を兼ね る）外側の階段室はロックされていた。し かし、各住戸のテラスとつながる中庭は、住 人でなくても通り抜けできるため、近所の

子どもたちの遊び場にもなっている。住戸とテラスと中庭の距離感がすばらしく、住民の視線が届く中で外来者を緩やかに受け入れる様は理想的であると感じた。

超コンパクト・ユニットの実践と応用

これまで設計してきたユニットはコンパクトなものが多かったが、狭いとしても一人用でせいぜい20㎡ぐらいのものであった。「立体化ユニット」を使ってさらにコンパクトにできないか。必要最小限を見極めるとどのような形になるのか？　そこで大人6人の使用を想定したコンパクトな別荘「Minimum Cubic Villa」を考案した。戸建てながら20㎡（6坪）の「立体化ユニット」（5.4m×5.4m×4.5m）である。調理と食事が中でも外でも楽しむことができるよう必要な設備を完備させた。これもヴォイドのある1.5層である。これまでのアイディアの集積であり、近いうちに実現するようにしたいが、未定である。これを集合住宅に応用できないかと考えている。

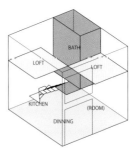

アイソメ

断面図

ロフト平面図

Mt Fuji

South Alps
Motosu Lake

Minimum Cubic Villa
平面図　1/200

クレジット

企画・文 谷内田章夫

編集 伊藤公文

編集協力 香山愛理/エアリアル

校正 境洋人　竹上寛

作図 影山万祐/エアリアル
林真凜

アートディレクション
工藤強勝

デザイン
工藤強勝+大竹優風+板谷言葉+勝田明加里/
デザイン実験室

写真
齋部功
pp. 005, 019, 034-045, 047, 050-071, 073-097,
101-103, 108-115, 127, 129-135, 144-145,
147-157, 160-169, 175-176, 182-184, 188-189,
194-197, 200-201, 204-205, 207-213, 238-239,
240左, 241-242、243上, 下, 245左上, 246左下,
248-249

藤塚光政
pp. 004, 046, 048-049

渡辺良太郎/イメージグラム
pp. 104-107, 118-119, 128, 136-139, 158-159

木田勝久
pp. 116-117, 124-125

エスエス東京
pp. 120-123

三輪晃久写真研究所
pp. 140-143

バウハウスネオ
pp. 146, 170-173, 185-187, 193, 218-220,

深谷聡一
pp. 174, 179-180, 245左下

西川公朗
pp. 190-191

木谷基一/LIGHT-UP
pp. 202-203, 206, 214-217, 221-224, 229, 240右,
243中, 245右上, 右下, 246左上, 右上, 247

解良信介/URBAN ARTS
pp. 226-227

チームネット
pp. 251

上記以外は、谷内田章夫とエアリアル

イラストレーション
渡辺康/渡辺康建築研究所
pp. 017, 253

設計監理担当者
(谷内田章夫/ワークショップ　現在：エアリアル)
谷内田章夫　端谷勝文　楠英恵　渡辺靖　木村睦
大石光良　井梅正嗣　加藤研介　小熊咲登子
中川由美子　川尻夕香　木野戸恵　上田かをる
斎藤智子　中村和佑　中川雄三　伊藤茉莉子
佐藤智美　香山愛理　宇津奏子　爲季仁

設計監理協力者
岡田広一　太田憲治
共同設計者[029]
野口信彦/タカギプランニングオフィス

255

建 築 デ ー タ

番号	名称	場所	竣工年	戸数(戸)	構造	階数	最高高さ(m)
001	SQUARES	中野区上高田	1995年	29	RC造	4階・地下1階	9.93
002	DSドミトリー	川崎市川崎区日ノ出	1996年	40	RC造	3階	12.60
003	SAIZE	川崎市川崎区日ノ出	1997年	16	RC造	4階	13.45
004	ALTO B	港区海岸	1997年	20	SRC造	11階・地下1階	31.00
005	TRINITE Rouge	中野区松が丘	1997年	17	RC造	3階・地下1階	9.95
006	TRINITÉ Bleu	中野区松が丘	1997年	11	RC造	3階・地下1階	9.90
007	TRINITÉ Jaune	中野区松が丘	1997年	6	RC造	3階・地下1階	9.95
008	DUO	中野区東中野	1997年	12	RC造	3階・地下1階	9.95
009	8×H	渋谷区富ヶ谷	1999年	3	SRC造	9階・地下1階	30.96
010	CUBES	港区海岸	1999年	15	SRC造	11階	35.87
011	LOOPS	さいたま市浦和区針ヶ谷	1999年	24	RC造	5階	17.00
012	QUINS	横浜市神奈川区入江	1999年	5	木造	2階	7.10
013	TWINS	横浜市神奈川区入江	1999年	2	木造	2階	6.95
014	DETACHED	横浜市神奈川区子安通	1999年	2	木造	2階	7.50
015	DUPLOS	世田谷区下馬	2000年	6	RC造	4階	9.95
016	SAIZE II	川崎市川崎区日ノ出	2000年	16	RC造	4階	9.95
017	APARTMENT O₂	中野区中野	2000年	7	RC造	4階	9.95
018	LIAISON	横浜市神奈川区入江	2000年	7	S造	7階	19.80
019	TFLAT	町田市玉川学園	2001年	8	RC造	4階	9.96
020	SCALA	新宿区箪笥町	2001年	6	S造	4階	13.60
021	PASSAGGIO	品川区小山台	2002年	18	RC造	4階	9.95
022	STEP	中野区上高田	2002年	6	RC造	3階・地下1階	9.95
023	ilusa	千代田区神田小川町	2002年	20	RC造	6階・地下1階	21.62
024	ESPACIO	練馬区桜台	2002年	28	SRC造	9階	26.15
025	Torre Vista	港区東麻布	2003年	5	RC造	7階	19.90
026	河田町コンフォガーデンのインフィル	新宿区河田町	2003年	17	RC造	41階の1階・29階	-
027	WELL SQUARE HIMONYA	目黒区碑文谷	2003年	78	RC造	7階	21.45
028	PORTEMAIUS	杉並区上高井戸	2003年	35	RC造	6階	18.40
029	trevent	川口市幸町	2003年	20	RC造	9階	27.80
030	WELL TOWER	川崎市高津区久本	2003年	86	SRC造	10階・地下1階	34.00
031	OPUS	練馬区桜台	2003年	11	RC造	4階・地下1階	9.95
032	Zephyr	目黒区平町	2003年	12	RC造	4階	9.86
033	ARTIS	新宿区矢来町	2003年	6	RC造	4階	9.70
034	シティコート山下公園	横浜市中区山下町	2004年	40	RC造	10階・地下1階	30.90
035	グレンパーク秋葉原イースト	千代田区岩本町	2004年	84	SRC造	13階	39.20
036	Hi-ROOMS桜上水A	世田谷区桜上水	2004年	14	RC造	4階	9.95
037	Hi-ROOMS桜上水B	世田谷区桜上水	2004年	13	RC造	4階	9.95
038	VENTO	西東京市東町	2004年	22	RC造	6階	19.76
039	コンフォリア代官山Tower	渋谷区恵比寿西	2005年	30	S+SRC造	14階・地下1階	41.68
040	コンフォリア代官山Terrace	渋谷区恵比寿西	2005年	10	RC造	5階・地下1階	13.80
041	tuft	板橋区清水町	2005年	12	RC造	3階	12.24
042	SCALE	新宿区西早稲田	2005年	10	RC造	4階・地下1階	13.60
043	GRAND SOLEIL鵠沼海岸	藤沢市鵠沼海岸	2005年	8	RC造	2階	7.05
044	FLEG池尻	世田谷区池尻	2005年	25	RC造	4階	9.95
045	IPSE東京EAST	中央区八丁堀	2006年	59	RC造	10階・地下1階	29.98
046	ROKA TERRAZZA	世田谷区南烏山	2006年	148	RC造	8階・地下1階	24.90
047	ALBA	港区海岸	2006年	29	RC造	11階	34.24
048	TEDDY'S COURT	葛飾区西新小岩	2006年	28	RC造	10階	34.27
049	IPSE祐天寺	目黒区祐天寺	2006年	27	RC造	7階・地下1階	20.23

敷地面積(㎡)	建築面積(㎡)	延床面積(㎡)	ユニット面積(㎡)	担当	構造設計	設備設計	施工
880.65	523.89	1636.12	33.3〜67.7	端谷	池田建築設計事務所	郷設計研究所	戸田建設
356.11	246.45	723.79	7.8〜22.6	端谷	池田建築設計事務所	郷設計研究所	佐藤秀
446.82	265.74	999.14	54.2〜55.5	端谷	池田建築設計事務所	郷設計研究所	佐藤秀
545.81	361.91	2798.97	99.4〜115.1	端谷	構造計画プラス・ワン	郷設計研究所	佐藤秀
537.87	357.19	1309.94	49.8〜67.7	端谷	池田建築設計事務所	郷設計研究所	佐藤秀
263.19	145.53	547.51	33.9〜69.2	色見	池田建築設計事務所	郷設計研究所	佐藤秀
129.65	83.47	271.91	32.1〜71.7	木村	池田建築設計事務所	郷設計研究所	佐藤秀
320.58	187.76	690.70	34.3〜67.8	渡辺	池田建築設計事務所	郷設計研究所	藤木工務店
119.42	91.64	589.99	90.2	端谷	構造計画プラス・ワン	郷設計研究所	佐藤秀
388.22	288.1	1834.64	97.3	端谷	構造計画プラス・ワン	郷設計研究所	佐藤秀
382.92	224.36	981.49	29.1〜32.4	木村	池田建築設計事務所	新田建築設備事務所	藤木工務店
186.45	108.48	213.72	39.7〜46.3	大石	-	-	リデア
71.04	42.25	86.81	42.2	大石	-	-	リデア
48.47	28.99	61.02	28.9	大石	-	-	リデア
133.19	90.39	264.40	43.6〜44.1	渡辺	池田建築設計事務所	ymo	佐藤秀
1082.54	370.32	1107.94	59.7〜63.1	木村	池田建築設計事務所	リバックス建築環境計画	富士工
218.87	127.22	384.44	34.2〜94.1	井梅	池田建築設計事務所	郷設計研究所	佐藤秀
114.7	93.75	405.90	25.8〜47.1	大石	池田建築設計事務所	郷設計研究所	藤木工務店
161.41	111.13	348.33	28.9〜36.8	渡辺	リバックス建築環境計画	リバックス建築環境計画	南海辰村
86.44	56.61	197.79	24.2〜43.5	木村	おざき構造設計事務所	-	ホーミング
429.79	257.56	715.21	27.0〜43.9	井梅	池田建築設計事務所	郷設計研究所	白石建設
190.81	112.2	345.87	35.7〜101.1	井梅	池田昌弘/MIAS	郷設計研究所	白石建設
474.84	353.41	1836.01	41.2〜82.9	端谷・木村	構造計画プラス・ワン	郷設計研究所	戸田建設
262.44	209.86	1399.82	24.4〜158.8	渡邊・井梅	池田建築設計事務所	郷設計研究所	白石建設
123.84	89.74	453.87	50.7〜80.5	大石	池田建築設計事務所	ymo	辰
25423.77	7911.05	-	-	田村	大成建設JV	大成建設JV	大成建設JV
2524.81	1387.75	5990.11	42.7〜81.5	端谷・木村	構造計画プラス・ワン	郷設計研究所	戸田建設
605.94	401.33	1380.37	26.2〜48.4	岡田	サダリ構造設計室	ymo	工新建設
402.38	148.16	958.40	37.1〜75.0	野口信彦*	池田建築設計事務所	ymo	辰
1254.14	963.71	6780.29	32.4〜46.0	端谷・井梅	池田建築設計事務所	郷設計研究所	東急建設
269.3	145.87	459.99	32.6〜52.7	井梅	池田建築設計事務所	ymo	白石建設
257.1	154.09	553.39	29.7〜66.3	大石	池田建築設計事務所	ymo	辰
140.02	92.85	316.77	43.3〜47.9	加藤	池田建築設計事務所	ymo	白石建設
966.12	724.24	5814.04	61.1〜75.3	渡辺・田村	構造計画プラス・ワン	ymo	共立建設
429.08	336.79	2988.34	26.2〜45.9	端谷・加藤	池田建築設計事務所	ymo	佐藤秀
379.65	221.55	684.01	37.1〜56.8	井梅	池田建築設計事務所	ymo	京王建設
286.61	165.11	499.35	27.4〜44.7	田村	池田建築設計事務所	ymo	京王建設
422.6	289.27	1292.48	28.2〜113.0	大石・木野戸	池田建築設計事務所	ymo	白石建設
314.5	242.28	1686.26	44.8〜59.8	木村・小熊	構造計画プラス・ワン	ymo	安藤建設
241.95	191.78	690.55	36.1〜43.2	木村・川尻	構造計画プラス・ワン	ymo	安藤建設
231.4	134.96	377.31	29.9〜31.1	渡辺	池田建築設計事務所	ymo	白石建設
230.7	136.24	596.11	35.7〜114.0	井梅・川尻	池田建築設計事務所	ymo	白石建設
499.98	226.68	413.26	39.9〜59.1	井梅	池田建築設計事務所	ymo	群峰工業
513.69	300.13	1028.35	25.0〜53.1	井梅・中村	池田建築設計事務所	ymo	東急建設
503.87	398.05	3409.74	40.0〜80.9	端谷・小熊	池田建築設計事務所	ymo	富士工
5008.02	3918.82	13870.27	23.2〜407.6	端谷・木村・渡辺・上田	環総合設計	ymo	大林組
319.47	191.62	1276.81	38.2〜78.5	端谷・上田	池田建築設計事務所	ymo	白石建設
563.28	357.47	2193.04	44.5〜72.2	大石	池田建築設計事務所	ymo	白石建設
491.21	388.85	1551.91	30.5〜58.2	木村・川尻	構造計画プラス・ワン	ymo	富士工

*共同設計

257

建 築 デ ー タ

番号	名称	場所	竣工年	戸数(戸)	構造	階数	最高高さ(m)
050	S-AXIS	練馬区豊玉南	2006年	12	RC造	4階	9.95
051	Clavier	新宿区早稲田鶴巻町	2006年	8	RC造	4階・地下1階	13.00
052	ISLANDS APARTMENT	西東京市東町	2006年	12	RC造	5階	15.47
053	IPSE新丸子	川崎市中原区丸子通	2006年	60	RC造	8階	30.90
054	IPSE渋谷TIERS	渋谷区桜丘	2007年	30	RC造	8階	24.09
055	FLAMP	新宿区上落合	2007年	93	RC造	14階・地下2階	49.80
056	パークサンライトマンション	練馬区豊玉北	2007年	35	RC造	7階	22.10
057	Court Modelia 祐天寺	目黒区五本木	2007年	26	RC造	3階・地下1階	9.92
058	Abel	杉並区高井戸東	2007年	3	RC造	3階・地下1階	9.98
059	MAISON BLANCHE	荒川区西日暮里	2007年	8	RC造	4階	9.95
060	MARUSH YOYOGI	渋谷区代々木	2008年	15	RC造	8階	24.10
061	モダ・ビエント杉並柿ノ木	杉並区上井草	2008年	43	RC造	6階・地下1階	19.70
062	Hi-ROOMS明大前B	杉並区和泉	2008年	15	RC造	3階	9.28
063	IPSE中延	品川区中延	2008年	82	RC造	12階	47.00
064	マージュ西国分寺	国分寺市泉町	2008年	9	RC造	6階・地下1階	19.85
065	D	文京区本郷	2008年	11	RC造	7階	22.58
066	SEPTET	横浜市神奈川区入江	2009年	7	木造	2階	7.71
067	SKIPS	横浜市神奈川区子安通	2009年	2	木造	2階	7.60
068	LADEIRA	横浜市神奈川区大口通	2009年	4	木造	2階	6.59
069	シュロス武蔵新城	川崎市中原区新城	2009年	42	RC造	8階	30.95
070	HAYACHINE	大田区萩中	2009年	11	RC造	4階	13.00
071	Modelia Brut都立大	目黒区中根	2010年	18	RC造	3階・地下1階	9.85
072	ALVA	杉並区高円寺南	2010年	6	RC造	3階・地下1階	9.30
073	PREMIUM CUBE元代々木	渋谷区元代々木	2011年	41	RC造	7階	19.99
074	STELLA CINQ	葛飾区西新小岩	2011年	25	RC造	5階	16.25
075	HUTCH	杉並区阿佐谷南	2011年	21	RC造	2階	7.04
076	インゲン	江東区白河	2011年	12	RC造	7階	29.35
077	Modelia Brut表参道	渋谷区神宮前	2012年	30	RC造	3階・地下2階	9.62
078	T-FLATS	江戸川区西葛西	2012年	16	RC造	5階	16.25
079	APARTMENT O₂ EAST	中野区中野	2013年	9	RC造	6階	16.30
080	ulula	中野区新井	2013年	52	RC造	4階・地下1階	13.35
081	シャモッツ・ウィラ	目黒区大岡山	2014年	6	RC造	3階	9.45
082	Modelia Brut南品川	品川区南品川	2014年	18	RC造	4階・地下1階	14.05
083	ATRIA	練馬区西大泉	2014年	23	RC造	3階	9.93
084	SVELTO	中央区日本橋久松町	2014年	16	RC造	11階	35.85
085	ZOOM AZABUJUBAN	港区三田	2014年	44	RC造	9階	38.75
086	QUATORZE	鴨市前原	2014年	14	木造	2階	7.90
087	ZOOM MEGURO	目黒区下目黒	2015年	32	RC造	13階	45.45
088	oazo	世田谷区南烏山	2015年	19	RC造	6階	17.75
089	TRIA	練馬区石神井町	2015年	18	RC造	3階	9.79
090	La Vue	目黒区柿の木坂	2015年	2	木造	2階	8.59
091	PASEO EAST	世田谷区北烏山	2015年	38	木造	2階	8.40
092	PASEO WEST	世田谷区北烏山	2016年	8	木造	2階	7.30
093	ZOOM ROPPONGI	港区六本木	2016年	34	RC造	12階	49.80
094	ZOOM SHIBAURA	港区芝浦	2016年	54	RC造	11階	41.23
095	Court Modelia akasaka 895	港区赤坂	2017年	43	RC造	4階・地下2階	9.99
096	Modelia Days KYODO	世田谷区経堂	2017年	16	木造	3階	9.61
097	ZOOM TOCHOMAE	新宿区西新宿	2017年	68	RC造	15階	45.04
098	ZOOM神宮前	渋谷区千駄ヶ谷	2017年	68	RC造	13階	38.70
099	PRIME FORESHITA	墨田区菊川	2018年	45	RC造	7階	21.95
100	ZOOM渋谷神山町	渋谷区神山町	2018年	40	RC造	9階	25.50

敷地面積(㎡)	建築面積(㎡)	延床面積(㎡)	ユニット面積(㎡)	担当	構造設計	設備設計	施工
408.93	227.29	692.10	40.0 ～ 63.4	斎藤	池田建築設計事務所	ymo	小原建設
117.83	68.13	378.79	31.3 ～ 66.3	井梅・小熊	池田建築設計事務所	ymo	だいやす建設
251.99	165.34	624.05	20.6 ～ 71.2	大石	池田建築設計事務所	ymo	群峰工業
546.37	366.08	2365.47	23.5 ～ 38.2	木村	構造計画プラス・ワン	ymo	佐藤秀
497.63	325.47	1523.64	23.9 ～ 52.9	井梅	構造計画プラス・ワン	ymo	北野建設
2338.97	1754.06	11103.12	34.8 ～ 107.9	端谷・田村・木戸	構造計画プラス・ワン	ymo	戸田建設
1174.44	666.06	2648.90	50.9 ～ 77.3	井梅・中村	池田建築設計事務所	ymo	前田建設工業
451.05	267.17	952.65	23.7 ～ 58.1	木村・斎藤	池田建築設計事務所		富士工
182.23	109.27	322.49	94.4 ～ 98.9	小熊・佐藤	池田建築設計事務所	ymo	だいやす建設
206.06	142.76	485.36	39.6 ～ 64.5	井梅・伊藤	池田建築設計事務所	ymo	大成ユーレック
252.54	130.72	934.77	21.5 ～ 155.8	田村・佐藤	池田建築設計事務所	ymo	白石建設
1789.06	817.1	3860.38	52.7 ～ 110.9	端谷・川尻・中川	池田建築設計事務所	ZO設計室	多田建設
603.2	284.08	606.18	22.5 ～ 45.2	伊藤	池田建築設計事務所	ymo	京王建設
731.81	400.02	3178.75	23.2 ～ 36.8	端谷・小熊・中村	構造計画プラス・ワン	ZO設計室	富士工
184.12	126.95	622.87	19.2 ～ 63.3	木野戸	池田建築設計事務所	ymo	丸善建設
136.2	97.83	650.96	34.4 ～ 81.1	中川	池田建築設計事務所	ymo	だいやす建設
249.52	149.31	311.16	39.3 ～ 44.7	大石	-	-	小川工務店
55.81	33.44	68.84	33.4	大石	-	-	小川工務店
101.08	61.82	123.64	30.9	佐藤	-	-	渡部工務店
291.74	219.69	1596.38	24.3 ～ 26.0	大石・中村	池田建築設計事務所	ymo	オリエンタル白石
229.47	162.2	611.95	31.8 ～ 131.8	伊藤	池田建築設計事務所	ymo	だいやす建設
415.33	204.28	620.35	24.1 ～ 43.3	中川	池田建築設計事務所	ymo	白石建設
118.39	84.39	243.22	31.2 ～ 44.7	木野戸・香山	池田建築設計事務所	ymo	辰
437.62	292.05	1469.10	27.3 ～ 44.99	井梅・中川	構造計画プラス・ワン	ZO設計室	合田工務店
1113.25	419.24	1593.60	47.4 ～ 66.1	端谷	池田建築設計事務所	ZO設計室	スターツCAM
609.79	301.45	609.79	24.9 ～ 30.2	香山	池田建築設計事務所	ymo	辰
130.32	107.98	649.24	34.5 ～ 36.0	伊藤	池田建築設計事務所	ymo	ナカノフドー
373.67	242.99	998.43	21.1 ～ 44.9	中川	池田建築設計事務所	ymo	白石建設
468.16	323.69	1290.85	52.7 ～ 76.0	伊藤	スターツ	スターツ	スターツCAM
142.03	77.82	418.52	23.8 ～ 108.9	端谷	池田建築設計事務所	ymo	白石建設
1018.31	607.8	1991.53	21.3 ～ 114.6	宇津	構造計画プラス・ワン	ZO設計室	白石建設
147.81	91.92	247.01	22.8 ～ 46.2	香山	ひばり建築設計	mellhips	丸二
191.73	150.49	617.85	22.7 ～ 32.33	中川・宇津	構造計画プラス・ワン	ZO設計室	池田建設
1177.69	456.73	959.58	29.5 ～ 48.9	香山	構造計画プラス・ワン	ZO設計室	白石建設
121.2	84.1	792.31	32.9 ～ 63.8	中川	構造計画プラス・ワン	ZO設計室	ナカノフドー
331.2	238.52	1636.17	25.98 ～ 51.97	中川	ケイ・エス設計事務所	藤木工務店	藤木工務店
375.01	192.17	355.41	20.0	伊藤	-	-	小島建設
188.41	107.7	1203.03	25.7 ～ 57.2	端谷	構造計画プラス・ワン	第一ヒューテック	第一ヒューテック
320.53	249.62	1086.94	26.1 ～ 54.7	宇津	構造設計工房デルタ	ZO設計室	スターツCAM
386.9	224.68	575.43	25.8 ～ 42.2	端谷	構造計画プラス・ワン	ZO設計室	中村弥工務店
137.54	65.57	100.62	35.0 ～ 65.6	香山	ハシゴタカ建築設計	-	間渕建設
971.6	477.26	971.71	20.8 ～ 30.4	宇津	ハシゴタカ建築設計	mellhips	ティーエイチ
397.83	158.52	323.51	36.4 ～ 40.7	宇津	ハシゴタカ建築設計	mellhips	ティーエイチ
249.63	162.81	1245.41	25.5 ～ 51.0	中川・香山	構造計画プラス・ワン	ZO設計室	福田組
409.67	207.32	1938.06	26.5 ～ 57.5	端谷	構造計画プラス・ワン	平本設備	藤木工務店
495.05	346.54	1841.68	25.3 ～ 65.9	香山	構造計画プラス・ワン	ZO設計室	藤木工務店
338.24	183.23	500.50	20.3 ～ 46.2	爲季	ハシゴタカ建築設計	mellhips	中村弥工務店
272.91	189.49	2530.65	30.2 ～ 64.1	端谷	構造計画プラス・ワン	平本設備	福田組
664.48	319.85	2999.75	27.0 ～ 41.0	中川	構造計画プラス・ワン	ZO設計室	大旺新洋
464.62	293.94	1754.76	25.2 ～ 42.7	端谷	藤木工務店	藤木工務店	藤木工務店
559.26	332.6	1673.99	26.3 ～ 51.6	香山	構造計画プラス・ワン	ZO設計室	住協建設

001 002 003 004 005
006 007 008 009 010
011 012 013 014 015
016 017 018 019 020
021 022 023 024 025

No.001〜No.100の集合住宅は1995年〜2018年に完成。
そのすべてを2022年1月〜3月に巡回し撮影。

026

027

028

029

030

031

032

033

034

035

036

037

038

039

040

041

042

043

044

045

046

047

048

049

050

051
052
053
054
055

056
057
058
059
060

061
062
063
064
065

066
067
068
069
070

071
072
073
074
075

076

077

078

079

080

081

082

083

084

085

086

087

088

089

090

091

092

093

094

095

096

097

098

099

100

TOKYO 100 Apartments 以降

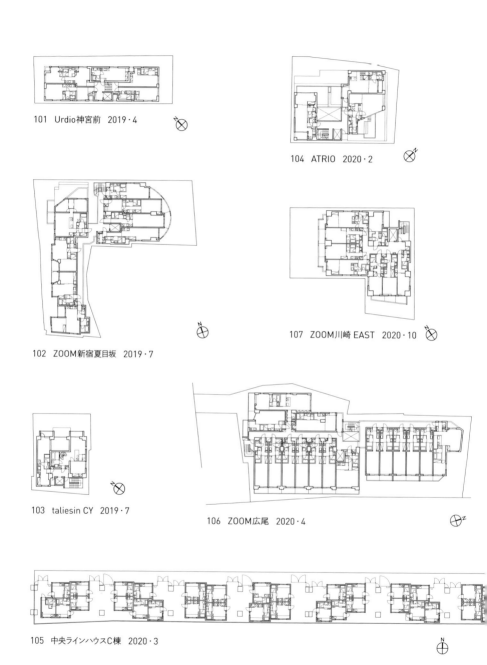

101　Urdio神宮前　2019・4

104　ATRIO　2020・2

102　ZOOM新宿夏目坂　2019・7

107　ZOOM川崎 EAST　2020・10

103　taliesin CY　2019・7

106　ZOOM広尾　2020・4

105　中央ラインハウスC棟　2020・3

No.100以降に完成または進行中の集合住宅、No.101〜No.114の14件。

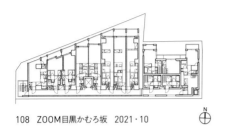

108　ZOOM目黒かむろ坂　2021・10

109　ZOOM中目黒　2022・6

110　(仮称)赤坂Λ・B PJ　2023・3予定

111　(仮称)市谷柳町PJ　2023・3予定

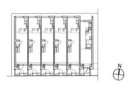

113　(仮称)東陽町PJ　2023・3予定

112　(仮称)南千束PJ　2023・3予定

114　(仮称)新小川町PJ　2023・1予定

S=1/800

回想

賃貸100棟への道のり

1995年に個人事務所として設計活動を開始し、初期の［001:SQUARES］や［004:ALTO B］から現在にいたるまで、賃貸集合住宅の仕組みについて少しずつ継続して改変を加えきた。これまでの環境や体験を振り返り、建築を学び、設計活動を続けてゆく中で、どのような経緯で集合住宅の設計を主とするようになったかを記す。

子どもの頃

　3歳から18歳、1950年代前半から1960年代後半まで、父親の勤めていた会社の社宅で暮らした。最初は東京都小金井市にある南北の2棟が渡り廊下でつながるH型配置で、内部片廊下、木造2階建ての共同住宅であった。共用の入口には共同電話があった。渡り廊下には共同風呂がリンクしていた。風呂場は一つしかなく利用可能時間帯が男女で交互に入れ替わった。夕方になると子どもは毎日、母親に連れられ入った。渡り廊下の2階は共同洗濯場で、母親たちが1列に並んで仲良く洗濯をしていたのを覚えている。内部廊下と中庭が子どもの遊び場であった。

　すぐ後に東京都世田谷区にできたばかりの社宅アパートに引っ越した。ペンキやガラスのパテの匂いや工事現場の名残りに幼いながらも躍動感を憶えた。補強ブロック造2階建ての当時テラスハウスと呼ばれていたものであった。とはいうものの1戸の1、2階延べ面積が14坪で、6戸合わさったマッチ箱のような長屋であった。4棟並んでいた。壁、床の遮音性はすこぶる悪く、隣の家の音がよく聞こえた。木製サッシに3ミリのガラス窓が嵌められていた。現在の住宅の標準的なガラス窓の仕様と比べると非常に簡素なつくりで、伊勢湾台風（1959）とか第2室戸台風（1961）など大きな被害をもたらした巨大台風のときには建具が目に見えるほどしなり、怖かった。当時、クーラーなど一般家庭にはまったくなく、夏は開け放しの生活であるため向かい合う家同士、聞きたくなくても声が聞こえてきた。社

宅だけあってさすがに夫婦喧嘩などの声は聞こえてこなかったが、兄弟喧嘩、親父のカミナリなど、一家での騒動はまる聞こえであった。お互いの家族関係はどの家も了解していた。おかずのおすそ分け、調味料の貸し借り、外出時の子預かりなどが頻繁に行われていた。社宅の住人全体でお互いにケアし合っていて、戸締まりは不要であった。共用部として砂場、ブランコ、滑り台のある遊び場があり、とても開放的な空間で、自由なコミュニティであった。私の精神のありようはそこで確立されたと言えるかもしれない。私たち家族の退去後すぐに解体され、土地は売却されて、あっという間に分譲マンションになってしまった。

高校卒業時の屈折
——理想と現実のはざまで

子どもの頃から、街歩きと乗り物が好きで、都心に出かけることが多かった。とくに目を引いたのはコンクリートに転写された木目と今まで見たこともないような広く大きな空間であった。後で思えば、それは「世田谷区民ホール」（1960）、新宿の「紀伊國屋書店」（1960）、上野の「東京文化会館」（1961）といった前川國男の設計した建築だった。その後さらに建築に興味をもったのは、中学生になった頃、1964年の東京オリンピック開催に合わせて、いろいろな建築が東京に現れたことである。身近に見たのは「駒沢オリンピック公園」（設計：高山英華ほか）や「国立代々木競技場」（設計：丹下健三）であった。実際に利用もし、マスコミで紹介されるようになり、そこで建築家という存在を初めて知った。しかし、そ

の当時から建てられつつあったマンションや団地は自分とは無縁の世界なのかなとも思った。そして中学2年の時、建築のガイド本を購入して読み耽った。

高校3年の年は、70年安保闘争（1970年に行われる予定の日米安全保障条約の自動延長を阻止し、条約破棄しようとする運動）などと連動した学生運動が高まりのピークにあった。私がいた都立青山高校も自由な気風に満ちていたがゆえにストライキが行われたが、学校側がストをやめさせるために機動隊を導入したこともあって揉めに揉めた。卒業式はなく、証書を渡され、私たち3年生は学校を追い出された。虚しさだけが残った。そのとき社会と自分との関わりについて考えた。ひとりの人間として社会的な存在でありたいが、大きな組織に入ると組織の論理に巻き込まれてしまう。独立した価値観をもちながら生活していける職業はないかと考えた。いくつかの選択肢があったが、もとから興味のあった建築の道を目指すことにした。

建築学科に入る

横浜国立大学は学生運動が非常に活発であった。しかし、私の入学時には以前より活動は衰退していた。ただ、学生運動による対立から学生と大学、両者のあいだの不信感は根深かった。そのせいか教授陣と距離を感じ、なにか機械的に授業が行われていたような気がした。憧れていた建築の授業ではあったが、存外に退屈で、設計の授業や彫塑などの実技には出席したが、それ以外はあまり顔を出さなかった。そういった中でリアリティを感じられたのは建築系

の雑誌を読むことであった。当時私たち学生にとって刺激のある情報は、『都市住宅』と『SD』（いずれも鹿島出版会発行）で、とくに『都市住宅』は都市というコンテクストの中で住宅がいろいろなかたちでとり上げられて、非常に馴染みやすかった。外国の事例が紹介されることも多く、バックナンバーの中にスイスの設計事務所アトリエ5の「ハーレン・ジードルンク」をはじめとするスイスやドイツの集合住宅が掲載されていた。居住予定者による協同組合の結成から関わり、プロジェクトを主導してゆく建築家の存在に従来の建築家の職能とは異なった可能性を感じた。現実の社会とのつながりに強いリアリティが感じられた。

大学3年の時、ある巨匠の事務所でアルバイトすることになった。自分の役割は模型の制作であったが、スタッフの方たちの働いている様子や姿勢を見て、授業で感じた建築の世界とは異なり、これぞ自分のイメージしていた設計事務所の世界であり、設計で身を立ててゆきたいと思うようになった。その後いくつかの設計事務所をアルバイトで渡り歩き、各事務所の雰囲気を体感し、いろいろな世界があるなと感じつつ、ゆくゆくはそういった環境で働き、独立して事務所を構えたいと思うようになった。

池辺研究室を経て社会へ

大学院は東京大学生産技術研究所の池辺陽研究室に所属した。「建築における性能」の概念およびその評価方法と「設計方法」を研究していた研究室であった。学部の学生はおらず、博士課程の人や研究員の人が多かったため、修士課程1年生は新入社員のようにいろいろなことをお手伝いした。これは今まで経験したことのない異次元の世界であったが、なにより池辺先生と直に接することができた経験は大きく、その哲学に多大な影響を受けた。池辺先生は住宅作家でもあり、通し番号（NO）を付けた一連の戸建て住宅で知られていたが、集合住宅となるとプロジェクトはあるものの実施にいたったものはなかった。

あるとき、人間集合という概念の研究テーマがあり、公開セミナーで「住空間の未来像」と題したセミナー資料をつくり、過去の集合住宅のいろいろな試みをまとめたことがあった。また、研究室の先輩たちがフリーで設計活動をしている姿を見て憧れを感じた。しかし、池辺先生は私が修士を修了した1年後、病床に伏して逝去され、さらなる教えを受ける機会を失ってしまった。

学部同期の仲間たちとは、卒業後も強い連帯意識があった。しかし、オイルショックによる景気後退後のとり巻く情勢は厳しかった。このままでは社会の中で埋もれてしまうという危機感もあった。そこで大学院に在籍している人間がコアとなって研究や設計活動を続けてゆき、ゆくゆくは自分たちの事務所を立ち上げようということになった。それが設計事務所「ワークショップ」の母体である。世田谷区の私鉄の駅から徒歩30分ぐらいの自動車修理工場の上にあるアパートを借り、勉強会＝ワークショップを開くことになった。学生運動のアジトではないかと疑われることもあったが、週に1度は結集した。海外の未邦訳建築書の勉強会や個々の活動の報告会などをしてい

たが、終わるとお決まりの飲み会になった。そうした中で就職した人たちは徐々に業務に追われ、参加しづらい状況になってきた。活動が停滞気味になっていたところ、知人の軽井沢にある店舗の改装をすることになった。仲間を集め、短期間でDIYを行って完成させた。それがきっかけで横浜の本店の建て替えの話が生まれ、真剣に事務所を立ち上げることを考えるようになった。一級建築士の資格をとり、同級生の北山恒さん、木下道郎さんと設計事務所を開設することになった。

「ワークショップ」を共同で開設

　そうした経緯でメンバー全員が事務所勤めの経験もないまま、東京都港区西麻布にて開業することになった。1978年のことであった。当初はそれぞれのメンバーの親戚や知人の住宅を設計した。お施主さんにはこちらの心意気を理解していただいたということである。設計の仕事は信頼と実績の積み重ねから生まれることを今もって実感しているが、当時も当然そうであることは認識しつつ、なにか勢いのようなものがあり、不安などはそれほど感じることなく活動を継続していった。事務所と同じマンションの中に構えていた不動産業者からとり扱う土地にふさわしい物件の検討をしてほしいという依頼が継続的にあった。実現する可能性があるのかないのかも不透明なままスタディをしていたのであり、結果としてはいいように使われたわけだが、仕事を学びながら覚えるにはいい訓練でもあった。はからずも、いかに土地の有効利用を図るかという検討を繰り返し行っていたのである。

どの設計組織にいても同じような訓練をするものだが、世の中の末端で身をもって知ることになった。

　中には実を結ぶものもあって、設立3年目に都内で3棟が連なる大型建売住宅の設計をした。敷地は第一種住居専用地域（現在の第一種低層住居専用地域）の高低差が5m近くある南向き斜面であった。崖下の道路とフラットにコンクリート造2階建て、その上に木造2階建ての4階建てだが、平均地盤面からの算定で地下2階・地上2階となる住宅を3棟並べたものであった。当時の『都市住宅』誌の編集長に見出され「集合住宅特集」に掲載された。集合住宅をつくったという意識はなかったため、思いがけない掲載で嬉しかった。

　この初期の段階で仕事を覚えると同時に、一緒に活動することで大学時代からの仲間をよく知り、自分を知ることにもなった。3人それぞれのもち味を生かして束になって進めばなんとかなるという自信のようなものが生まれつつあった。その後、パートナーシップによる共同設計の体制をより強め、住宅の設計を中心に精力的に活動を続けた。

4か月の旅

　1980年から、他の組織にいてはできないことをしようということになった。見聞を広めるため1年おきに3人が順番で4か月の旅行に行くことにした。私は1981年7月から10月まで、アジア経由でヨーロッパ旅行をした。百聞は一見にしかずであった。

　そもそも勉強不足であったので、西洋建築史や近代建築史の図集を片手に10数か国を回り、古典から近代建築、現代建築まで

幅広く見た。集合住宅ではマルセイユやベルリンの「ユニテ・ダビタシオン」、「ペサックの集合住宅」といったル・コルビュジエの建築、ロンドンのGLC（Greater London Council）の建築、リカルド・ボフィールの話題作、フランクフルト・アム・マインでのエルンスト・マイによるジードルンクの計画建設の試み、シュトゥットガルトの「ヴァイセンホーフ・ジードルンク」、アルド・ロッシとカルロ・アイモニーノによる「ガララテーゼの集合住宅」、オランダのソーシャル・ハウジングなど、実際に訪れて目にすることの幅広い学習効果を実感し、その後の旅行好きに火がついた。

集合住宅の仕事

　旅行から戻ると集合住宅の仕事が待っていて、徹夜を含めた超多忙の日々となった。前に設計した3棟の建売住宅のデザインが好評で声がかかったらしい。1981年11月初めのことである。賃貸マンションの企画業務を行う会社とタイアップ（いま風に言うとコラボ？）し、建築の設計・監理を行う仕事だった。そこでは企画、マーケティング、ファイナンス、リーシング、メンテナンスという流れの中で、建築のデザインがいかに重要であるかを改めて知ることになった。前提として公的融資、当時は住宅・都市整備公団（現在のUR都市機構）の民間賃貸住宅制度を使うことがあった。公団の基準や仕様書に則って住棟、住戸を設計した。企画会社から指示されるワンルーム、1LDK、2LDKといった条件を機能的にまとめ、各タイプの住戸は設備図も含めて慣れないA1サイズという大判の紙に20分の1と

いう大きな縮尺で手描きし、2年で2棟が完成した。

　そうした経験を積むうちに、独自にオーナーを見つけて収支計画（今では企画会社に任せるが、当時はパソコンで自前のプログラムを組んで計算を行った）を立て、事業企画をプレゼンテーションし、設計契約をして仕事を進めた。作品をつくるというよりは商品企画という枠組みのもとに設計するという意識があった。

　1980年代後半はオフィスビル、商業施設、複合用途の建築など多様な仕事を行うチャンスが与えられたが、集合住宅についてもコンスタントに設計を重ねていた。当時、個人住宅とは異なり集合住宅ではコンクリート打ち放し仕上げの内装は採用されないのが一般的だった。しかし、バブル期の人手不足による建設費高騰の折、工程を減らすため内装をすべてコンクリートの打ち放しで行ったことがあった。これが入居者に好評だと以前より仲介を依頼していた不動産業者に言われた。メンテナンス上も内部には汚れが付きにくいということで、自分としては意外な理由であったが、コンクリート打ち放しの集合住宅をもっとつくってほしいとの要望があったことを記憶している。

独立以降とこれから

　1978年に開設した「ワークショップ」であったが、17年を経た頃、それぞれが独立して設計活動を行うことになった。そこで私は以前から興味があり、関わりの深かった集合住宅を中心に仕事をしてゆくことになる。設計方針の一つとして（これは集合住宅に限らないが）機能を限定しない、領

域が可変になる開放的な空間をつくってゆこうと考えていた。集合住宅の場合はとくに閉鎖的になりがちなコミュニティの中でフレキシブルに外に開いていけるような建築をつくりたいと思っていた。多くのデベロッパーが供給するステレオタイプのユニットにはないものをつくり、入居者に多様な選択肢を与えたい。そのためには内部空間から構想し、機能性だけではなく空間性を重視した提案をし、賃貸集合住宅というビジネスモデルの中で、建築家の存在を示していけたらよいという気持ちで独立後の活動をスタートした。

当時、設備設計家の彦坂満洲男氏が領域デザイン研究会という組織を立ち上げた。私も趣旨に賛同、共感し、加わった。そこでは機械力だけに頼らず、環境調整について空間の仕組みも含めて考えていく方法が研究されていた。当時、領域デザイン研究会では、省エネルギー対策として進められていた高気密・高断熱の政策に対し疑問を投げかけていた。高断熱は必須の要素だが、高気密により開口部を少なくし、外と内の空気の出入りを少なくすることは、欧米とは異なる日本の気候風土や生活文化に照らし合わせると著しい違和感があった。領域デザイン研究会では、さまざまな条件下での熱の伝導の仕方を研究し、人々の生活行動に見合った空間装置として建築を見直そうとしていた。つまり、空間の設計によって光と空気をなるべく自由にとり入れることが可能な環境を整えることが目指されていた。しかし、志半ばで彦坂氏が病に伏し、行政が圧倒的な力で一方的に高機密・高断熱の政策を推進した。結果としてシックハウ

ス症候群の問題が生じ、解決方法として行政からは24時間換気の指導がなされた。しかし、指導後の高気密建築の入居状況を見ると隙間風の生じる吸気口のほとんどが閉められたままであった。こうした実態を横目に、メンタルにもフィジカルにも外に開いた集合住宅をつくりたいと思った。1995年に竣工した[001:SQUARES]からそれは継続している。また、引き戸や可動収納を動かすことにより、生活領域をテンポラリーに変化させる試みも継続している。

2017年10月に事務所名を「谷内田章夫／ワークショップ」から「エアリアル」に変更した。エアリアルとは「空気の」とか「空中の」とかいう意味である。個人名を伏して、これまでにやってきたことを永く継続してゆきたいがゆえの変更である。考えてみれば私の設計で基本としたものは空中や空気に関することであり、それをさらに深めてゆくための組織名ともいえる。

2019年以降に完成してきた集合住宅は、エアリアルとしての設計である。それらを「TOKYO 100 Apartments の現在」の後に「TOKYO 100 Apartments 以降」としてまとめた。

未曾有の速さで世界を駆け巡ったパンデミック感染症の影響から、今後はなかなか予測できない。さらにまた難題が待ち構えている。地球の温暖化への対応や持続可能な社会の実現に向けて、考えていかなければならない問題は山積している。

著者略歴

谷内田章夫（やちだ・あきお）

1951年　生まれ

1975年　横浜国立大学工学部建築学科卒業

1978年　東京大学大学院建築学専門修士課程修了

1978年　ワークショップ設立（北山恒・木下道郎と共同主宰）

1995年　谷内田章夫／ワークショップ設立

1997年〜2003年　東京理科大学理工学部非常勤講師

2002年〜2013年　日本女子大学家政学部非常勤講師

2002年〜2017年　日本大学生産工学部非常勤講師

2017年　事務所名をエアリアルに変更

TOKYO 100 Apartments
東京圏に100棟の賃貸集合住宅を設計する

2022年9月20日　第1刷発行

2023年11月30日　第2刷発行

著者　　　谷内田章夫

発行所　　株式会社エアリアル

発売所　　鹿島出版会

　　　　　〒104-0061　東京都中央区銀座6-17-1　銀座6丁目-SQUARE 7階

　　　　　電話：03-6264-2301　振替：00160-2-180883

印刷・製本　三美印刷株式会社

©Akio Yachida 2022, Printed in Japan

ISBN978-4-306-08569-5 C3052

本書の内容に関するご意見・ご感想は下記までお問い合わせください

URL：https://www.kajima-publishing.co.jp/

e-mail：info@kajima-publishing.co.jp

URL：https://www.akio-yachida.com/